ESCOMBROS INMORTALES
DE LA
TIERRA DEL QUETZAL

ESCOMBROS INMORTALES
DE LA
TIERRA DEL QUETZAL

Ismael Recinos

Número de Control de la Biblioteca del Congreso de EE. UU.:   2014903723
ISBN: Tapa Dura   978-1-4633-7977-3
                   Tapa Blanda   978-1-4633-7976-6
                   Libro Electrónico   978-1-4633-7975-9

Este libro fue impreso en los Estados Unidos de América.

Fecha de revisión: 27/09/2014

Para realizar pedidos de este libro, contacte con:
Palibrio LLC
1663 Liberty Drive
Suite 200
Bloomington, IN 47403
Gratis desde EE. UU. al 877.407.5847
Gratis desde México al 01.800.288.2243
Gratis desde España al 900.866.949
Desde otro país al +1.812.671.9757
Fax: 01.812.355.1576
ventas@palibrio.com
604036

ÍNDICE

PRÓLOGO

Espero tener la oportunidad de compartir estas ideas de nuestra sufrida Guatemala, tambien con nuestros amigos Hispanoamericanos y el mundo, especialmente como un hijo de esa bella tierra del Quetzal, que estando fuera de ella ha llegado a comprender mucho mejor sus sufrimientos, sueños de libertad **y prosperidad que tanta falta le hace, hoy me atrevo a escribir** estas líneas que aunque sé que quizas sea poco, pero tal vez no demasiado tarde, cuando cada individuo viviendo en esa tierra noble se sacrifica día a día tratando de hacer de sus labores cotidianos algo mejor y digno para su bienestar personal y de su familia, y así poner su granito de arena para la construcción de una patria mejor y próspera ante la vista del mundo.

Y qué decir de nosotros, miles y quizas millones ya de sus hijos que salimos de alli, con la esperanza de poder volver un dia no llenos de dólares, pero llenos de nuevas ilusiones é ideas diferentes que podíamos poner en práctica para tratar de mejorar la vida de nuestras familias que alli dejamos y las que apenas podemos visitar de ves en cuando si la suerte nos lo permite, los gritos de muchos que estamos ausentes no son escuchados ya que para comenzar no podemos contar con una seguridad de poder vivir en paz con nuestros seres queridos y llevar una vida comunitaria, compartiendo todas nuestras experiencias, triunfos y fracasos al servicio de nuestra sociedad haciendo asi mas fuertes los anhelos de bienestar social, cultural y económico de un pueblo que por muchos años ha tratado de vencer los obstáculos de inferioridad de desarrollo a la vista Internacional.

INTRODUCCIÓN

Queda bien claro; que este mensaje es completamente Apolítico, fuera de credos con la única intención de despertar un poco en el corazón del pueblo Guatemalteco, la ilusión de llegar a decir un dia; vivo en un país libre, soberano y próspero de el que me siento orgulloso, y no al contrario, del que tuve que salir porque no se podía vivir en paz, me fui pensando siempre que cada uno de los ciudadanos somos responsables de la buena marcha de la nación y que los frutos que vamos cosechando son de acuerdo a la semilla que hemos sembrado.

Para comenzar, cuando visitemos Guatemala, no debemos de convertirnos en los primeros destructores de la imagen que se pueda tener de nuestro país a la vista de los demás, pues somos los que venimos diciendo; es imposible vivir alli, a mi, me robaron, a fulano por un poco lo secuestran, hay demasiado vandalismo, es que ya se nos olvidó que hace cuarenta, treinta o veinte años había la misma situación; yo soy una de las personas que cuando fui estudiante vi. pasar por mi frente, balas y escuché sus zumbidos mortales, hace ya más de treinta años, tambien existían robos, asaltos y para mi sigue siendo la misma Guatemala bella de siempre, pero eso si, soy de la opinión de que ya es tiempo que se logre un cambio.

En la actualidad, tenemos a la vista muchas reformas que bajo cualquier circunstancia se han logrado. Por ejemplo; el compartir de aquellas familias que se han llamado (Aristocráticas), con la clase inferior o sea de condición humilde que antiguamente se veía muy lejano el dia que eso sucediese a causa de la indiferencia que se veía a la clase desfavorecida. Vemos que Guatemala se ha convertido en un país concentrado en la Capital, debido a la constante migración de sus campesinos hacia la ciudad en busca de nuevas oportunidades, aunque sea en el fondo o la orilla de un basurero, y en el caso de no conseguir su objetivo de trabajo convertirse en un delincuente, porque sin los medios, o sin la intención de prepararse y convertirse en ciudadanos al servicio de la Sociedad, se convierten en un estorbo ocupando las calles y avenidas más céntricas de la ciudad y que cuando se trata de bochinches organizados estos son los primeros en aglomerarse dentro de ellos, aunque no comprendan siquiera lo que está pasando, pues llevando algo para la venta cualquier objeto que sea no importa, yo sé que esto sucede en todos los paises del mundo, pero quizas con mucha conciencia de que es necesario dar oportunidad a nuestros conciudadanos de sobrevivir pero pongamos a cada cosa en el lugar que le corresponde, y demos al mundo una nueva imagen de una Patria bella, libre, próspera y organizada….

CAPÍTULO I

[El Origen]

Tomando en cuenta, los años y quizas los siglos que en esta tierra se han querido transformar los ideales Sociales Culturales y Económicos, aquellos principios y valores morales y tradicionales, de nuestra raza Maya a la vista de nuestros amigos del mundo que nos favorecen por medio de sus críticas, podemos reconocer que estamos siendo el corazón de una América donde han pasado muchísimas calamidades, consecuencia de la ambición y venganza. Hoy quisiera enfocar algunas de nuestras necesidades y que posiblemente podia ayudar si no a todos, quiza a unos cuantos quienes sintieron el deseo de prosperar y un dia ser alguien capaz de sentirse orgullosos de ser quien son, y sobre todo de su origen pensando en que la superación se hace de generación en generación, como la semilla que hoy se siembra y después se cosecha, luego de la misma se escoge lo mejor de esa cosecha para la próxima siembra y de esa manera mejorar cada vez más la calidad del producto, recordemos que lo mismo pasa con un niño que se va educando de buenas maneras con nuestro ejemplo, es de alli donde partirán las bases para que llegue a ser persona de bien y formar una sociedad capaz de transformar el mundo, el que necesita de mucho interes colectivo para sobrepasar los peligros que nos acechan, y los que solamente podran arreglarse por medio del dialogo de personas capacitadas Intelectual, Social y Culturalmente..

En tiempos de mi niñéz, solía compartir con niños y personas mayores de diferentes rangos sociales, pues mi familia se relacionaba con personas de toda clase social, aprendí a compartir mis deseos de superación aunque para eso tuviese que apoyar en mi padre porque yo apenas podia comprender los diferentes idiomas que hablaban,, eran de origen nativo (Indígena y por lo tanto apenas pronunciaban el Español, los veíamos a cada fin de semana cuando mi padre debía pagarles su salario dos o tres de ellos alli servían en casa, yo compartía con ellos, notaba en aquellas personas el deseo de mejorar y sobre todo de instruirse, y siendo yo un niño de unos nueve años muchas veces hacia de maestro pues les enseñaba varias cosas que ellos deseaban aprender, y me sentia muy bien de que me llamaran su maestro, y pienso haber aportado desde niño un poco de bienestar a esas personas, en nuestras familias ya sea ricos o pobres existen anhelos de superacion, y por eso insisto en que desde el nucleo de la familia deberia haber cierta diciplina originada de programas de formacion familiar, donde una pareja que desea contraer matrimonio deberia aprender que es lo que ellos deberan enseñar a los niños que alli nacerán, y cuales son las mejoras que esa pareja pondra en práctica para que esos niños lleguen a ser personas con bases sólidas y pilares de una sociedad capaz de trasformar el mundo.

Pueden existir personas que no han conocido o que posiblemente ya se les ha olvidado cuales son las condiciones en las que nuestras gentes viven en la tierra que nos vio nacer, en esta oportunidad trataré de refrescarles un poco la memoria. Posiblemente algunas personas de nuestro origen se lleguen a sentir un poco denigradas al recordar estas cosas, y es comprensible, debido al sufrimiento que les vuelve a la memoria aunque no tuve la oportunidad de vivirlas, si que tengo la gran satisfaccion de haberlas visto y alli compartir un plato típico de frijoles tortillas calientes de las que me ofrecian con mucho amor, y yo recibia tambien de la misma manera. La gente humilde que allí para construir un lugar donde vivir, debian plantar seis pilares en su nombre popular, pero que alli les llaman (Orcon) que consta de cuatro de un solo largo, y dos de un metro y medio son mas largos que los otros cuatro, pues los dos largos son sembrados a distancia de unos ocho metros el uno del otro y luego los cortos son sembrados uno a cada lado de los largos, de esa manera en la punta de esos pilares colocan unas bigas formando un paral sobre cada par de pilares y de esa manera se forman dos aguas las que despues cubren con maderas más delgadas y posteriormente cubierta con palma o la hoja de caña de azucar todo esto amarrado con unas lianas traidas de la montaña, los pilares son de madera que puede resistir sin llegarse a podrir hasta unos diez años, todo esto lo hacen despues de haber aplanado muy bien el terreno y luego hacia en frente donde dejaran las puertas, sera el lugar que ocuparan para la siembra de flores y matas de calabaza o chilares, sus paredes las van construyendo con varas de madera delgadas cubriendo los pilares exteriores, y dejando libres los pilares más largos y por lo tanto más altos que estaran en el centro para poder ubicar las habitaciones, ya que el exterior que seran las paredes estaran cubiertos con madera o simplemente con bloques de tierra, (adobe),.

Pensando en la diferencia de cada uno de los veintidos Departamentos de la República de Guatemala, trataré de ubicar algunos de los lugares desde sus puntos geográficos, viendo la carta de frente, podemos ubicar la parte sur del país la que colinda con el Oceano Pacífico, parte baja o como podria llamarse tierra caliente, Costa Sur, donde sus pobladores tienen la oportunidad de ver nacer el sol y luego ver el atardecer, desde luego no sin antes haberles dejado señales de quemaduras é insolación en los cuerpos de valientes campesinos que con el afan de mejorar su situacion económica, y una posible vida mejor han dejado quemarse la espalda las doce horas de sol ya sea con un trabajo propio o por el jornal obligatorio que han de sacar a su Patron, porque es lamentable decirlo que tenemos tambien hijos de la tierra sin escrúpulos que a costa del trabajo casi forzado de sus debitores tratan de hacerse cada dia más ricos de lo que ya son, digo debitores porque los patronos aprovechando de la situacion lamentable de sus trabajadores, dicen que les ayudan a salir de sus compromisos adelantandoles algun salario, que por cierto es miserable, y de esa manera obligarlos a trabajarles de sol a sol, volvamos a los escombros de nuestras raices, el Idígena o campesino Guatemalteco, son personas frágiles que por su condicion humilde y dificil vida baja la cabeza con dignidad, y acepta su destino con la noblesa que hace honor a su origen. Existe una minoria de estos campesinos que sus productos que tratan de vender lo hacen cargandolos sobre sus cabesas, o sobre sus espaldas llevando esos productos hacia el lugar donde los pueda recoger un Camión que los transportará a los pueblos cercanos, donde ellos mismos podran ofrecerlos a precios que convengan más a sus recompensas de trabajo, pues de no hacerlo asi se verian obligados a hacer la volluntad de los compradores que llegan a sus parcelas comprándoles sus productos al precio más bajo, sin embargo eso no sucedería si algun dia nuestros gobernantes pudieran ofrecer a esta clase casi olvidada un poco de ayuda tanto económica como técnica y desde alli comenzar el desarrollo general que se necesita para salir de tal situacion, tenemos los recursos naturales que Dios nos ha dado para ponerlos al servicio de nuestra

Sociedad, pero es lamentable que sean unos cuantos que se aprovechan de ellos.

En la parte del mismo Pacífico, tenemos la gran fuente de ingresos sin ser explotados por parte de ningun gobierno que yo sepa hasta el dia de hoy, deberia existir una organizacion gubernamental con la sola idea de planificar y hacer completamente una limpieza de nuestra lindas playas que alli existen y convertirlas en unos verdaderos Paraisos Turísticos, ya que tenemos la gran bendicion de nuestro creador de que ese es un lugar completamente estable en su condicion climatulógica y podia haber una gran cantidad de Turistas que poniendo las medidas de seguridad convenientes, atraeria a miles y miles de ellos y a nivel Internacional, pero tratemos de que esto sea un trabajo a nivel del gobierno Guatemalteco, no esperemos que los capitales extranjeros vengan a poner un meto cinco, para sacar diez, porque eso es lo que pasa, señores dirigentes de esta tierra ya es tiempo que aprendamos a caminar solos y sin muletas, como escribia al principio esto yo trato de que sea un escrito completamente Apolítico, pero se tocara un poco de todo la verdad es que veo que nadie se ha preocupado por algo en mejoras de nuestra bella tierra del quetzal.

Mucho antes de emigrar a estas tierras donde actualmente radico, habiendo tenido problemas con mi trabajo de Profesor y buscando trabajo tuve la oportunidad de visitar el Puerto de Champerico, pues alguien me dijo que en la llegada de un Barco Noruego a dicho Puerto posiblemente necesitarian nuesvas personas para trabajar en dicho Barco, nos pusimos de acuerdo con un amigo y fuimos a esperar en el Puerto, cuando el Barco llegó salio la gente que alli trabajaba y se quedó el Capitán, nosotros pedimos que nos llevaran a visitarlo con el objeto de ver si habia alguna plaza en dicha embarcacion, el Capitan nos recibio muy amablemente y nos dijo que ciertamente necesitaba personas porque varios de los que habian bajado no regresarian a tiempo porque él zarparia a las très de la tarde de ese dia, pero siendo ya la una de la tarde nosotros no tendriamos el tiempo necesario para viajar a la Capital en busca de una Visa Marítima, pues la que teniamos se trataba de una Visa de Turista y asi fue como no pudimos comenzar a trabajar en el Barco, yo comprendi despues que esa habia sido una señal de que no era el camino a seguir, y esto es lo que nuestra gente no trata de indagarse cuales son verdaderamente las normas a seguir en la vida, como decia antes en la ciudad de

Guatemala radican personas de todos los angulos de el territorio Nacional, alli en la parte sur que he estado citando podian existir muchísimas fuentes de trabajo para toda clase de preparacion que las personas tuviesen, y asi no tener la necesidad de abandonar sus lugares donde dejan el resto de sus familias y por siempre se olvidan de que hay quienes se han quedado esperando que ese hermano o hermana que se fue a buscar nuevos horizontes vuelva en esa espera llegan a morir sin la esperanza de un mejor porvenir.

Los Departamentos de San Marcos, Huehuetenango, El Quiché las Verapaces y Petén todos fronterizos con México siendo antiguamente Chiapas, Campeche y Yucatan, fueron algunas partes de Guatemala, en estos lugares donde el ser humano se ha convertido en el útil de trabajo numero uno de esa sociedad siendo asi que en esos lugares es donde más conocen las cosas como el Mecapal hecho con cuero crudo y el Cacashte en forma de una silla mecedora, la que los patronos en las fincas obligan a sus mosos a cargar a sus hijos con dicha silla puesta en la espalda y el Mecapal en la cabeza y dentro de la silla colocan hasta dos de sus hijos para que los carguen sus mosos, esto lo hacen hasta que llegan a los lugares donde pueda entrar un caballo o sea un Camion y despues continuar el viaje hacia donde se dirijen, pero despues cargándoles otras cosas hasta los zapatos para que estos no se les vallan a gastar, en la Costa Sur, los productos que esta gente cultiva y vende son las frutas, Café, Azucar, Algodon, Arroz, Cebada, en la parte fronteriza con México que es la parte Oeste, alli es Ganaderia Algodon, Trigo, Maiz, Frijol, Café, Caña de Azucar varias clases de granos y frutas variadas, de las cuales estas personas hacen algunas economias y luego para celebrar la fiesta Patronal del lugar puedan estrenar alguna ropa nueva, esta parte del pais se divide en dos temporadas climatológicas y puede variar de un clima templado a un clima de calor, como lo es el Departamento de Petén en la parte Norte del pais siempre fronterizo con México y es caliente y muy húmedo, un lugar que se distingue por por su fauna y montañas pintorescas su gran lago de Flores Petén que la ciudad cabecera Departamental se encuentra en medio de dicho lago.

En este Departamento, existen varias maneras de que las personas se ganan la vida, incluso tambien viajan hacia México para intercambiar mercaderias y tambien es un lugar donde existe plantaciones de Caucho y goma de mazcar o sea Chicle un arbol que tambien dá frutos y se le nombra Chico Zapote, a dicho arbol le hacen cortadas en la corteza un poco verticales viendo que la sabia llegue a correr hacia abajo y al final sea un chorro de una forma de leche la cual despues de cierto proceso, se llega a cuajar y se convierte en una goma la cual ya procesada con sus ingredientes y azucar llega a ser la goma de mazcar o Chicle, hablando un poco de su gente estas personas son un poco pasivas, acojedoras habiertas hacia los demas en general estas personas son todas de ese mismo sentir y actuar por todo el lado Oeste y Norte de Guatemala, a pesar de haber pasado mucho tiempo bajo la crisis de la guerrilla, son gente de confianza y dispuestos a acudir al llamado de no importa que urgencia se les ponga en frente, entre la gente Indígena muestran mucho interes por aprender todo lo que les atrae y consideran de bienestar para su comunidad, esta gente de la parte Occidental de Guatemala, del Norte o del Sur son mas o menos individuos con el mismo sentir y pensar, pues su gran corazon es generoso en todo sentido de la palabra, son tambien personas muy celosas de una amistad que se hubiese llegado a fundar de acuerdo a la confianza mutua que se les haya brindado.

Con el pasar del tiempo nos hemos olvidado quizas de quienes somos y de donde venimos y *posiblemente nos avergonzamos de ser hombres y mujeres alimentados del Maiz, como nos lo señala muy bien nuestro gran Escritor Miguel Angel Asturias, cuando nos lo recuerda en su libro; Hombres de Maiz, algo que llevamos en nuestra sangre y jamas debemos negar porque somos hijos de esa hermosa tierra que lo produce, tambien dentro de ese corazón, nos debemos de sentir orgullosos de que existe algo grande y que simplemente nos toca a nosotros mismos descubrir, tenemos valores muy hermosos que quizas sea lo que nos hace algunas veces levantarnos de nuevo y seguir caminando y es, que sabemos insistir en lo que deseamos hacer cuando se nos da la oportunidad y la posibilidad está al alcance de la mano, el comentario sobre las personas que poblan la parte Occidental y Norte de Guatemala, estas gentes han sabido conservar hasta hoy sus costumbres culturales, y las llevan tan adentro que la mayor parta se buscan la vida yendo a trabajar a la parte del Sur, debido su variada oportunidad de trabajo y siguen celebrando y compartiendo su manera de vida con los que les rodeen, sin importarles desde luego donde se encuentren y de esa manera se sienten en su propia tierra.*

Desde hace ya muchos años, las comunidades de esta region del Occidente del pais, han tratado de superarse poniendo mucho de su parte enviando a sus hijos a las Escuelas Rurales de Fincas, Aldeas y caserios de la region y esto ha dado muy buenos resultados, siendo asi que ya existen en Guatemala una buena cantidad de Idigenas Profesionales que han salido de dichos esfuersos, y que como en los grandes paises como Estados Unidos y Canada, se preocupen de dar su servicio Profesional a sus comunidades que por cierto son una gran mayoria y recordemos que de esta region del pais, hemos tenido grandes Escritores, Poetas, Músicos y Compositores que por su talento han sabido mostrar ante el mundo nuestra cultura, de la que todos sabemos que grande es, y si me pusiera ha mencionar la cantidad de riquezas que existe dentro de ella, no bastaria uno ni tampoco diez libros para poder exponerla, y quedaria mucho aun por descubrir comenzando con nuestros Chistes, promesas dichos y porque no mencionar nuestras mentiras y disculpas.

Para el Guatemalteco, lo mas importante es el figurar en la lista de grupos, Asociaciones, Clubs o Partidos, el estar o llegar tarde a la cita no porque ya ha dicho que llega y basta, pero el caso es que son personas entusiastas donde el arranque como decimos nunca falta, se hacen castillos en el aire de lo que sea, el problema es el estar comprometido en algo que le consuma un poco de su tiempo es cosa demasiado dura a cumplir, a estas personas les gusta siempre figurar en las primeras filas si se trata de exibisiones populares, pero estar siempre en las ultimas filas y aun escondidos si se trata de compromisos. Pero volvamos de nuevo a este problema de nuestras gentes, nadie en esas comunidades cuenta con programas llamativos que los haga sentirse un poco ilusionados, y ambicionar ser un dia un dirigente de una buena organizacion colectiva, es necesario contar con el apoyo de los jefes de estado que se supone ellos son personas bien capacipadas, dispuestas a dar algo de lo que ellos saben en bienestar popular, que la ignorancia se convierte en una enfermedad muy crónica la que hay que curar y definivamente eradicar apoyándonos en nuestros conocimientos profesionales los que sin lugar a dudas debemos compartir con un pueblo que lo necesita, y pide a gritos ayuda para salir adelante.

CAPÍTULO II

[Costumbre Oriental]

En este capítulo hablaremos un poco de la parte Este de Guatemala, donde se encuentran las fronteras de los paises como Belice, antiguamente tambien tierra Guatemalteca en el Noreste del pais que por un gesto de bondad infinita que aun no se sabe a ciencia cierta y verídica, cual fue el motivo de dicho jefe de Estado, el obsequio de esta Parcela Maya al Gobierno Ingles, que actualmente sostiene el Título de Independiente, luego hacia el Sur continua la frontera de Honduras y luego El Salvador, y se encuentran los Departamentos en su mismo orden; Izabal, Zacapa, Chiquimula y Jutiapa los que hacen frontera, en esos Departamentos, Municipios, Aldeas y Caserios, viven gentes de alma y corazon asombrosos por su manera de comportarse y convivir, pues es gente un poco desconfiada y conservadora a la cual se puede llegar solamente por medio del dialogo y demostraracion de sinceridad y confianza hacia ellos, trabajadores y quienes les gusta los trabajos y negocios ventajosos y media vez estas personas se abren hacia los demas son convertidos en una verdadera familia, eso si tambien son celosos de sus amistades y prefieren ellos ser los primeros en saber los problemas de sus amigos.

Comenzando con el gran lugar turístico que se encuentra en el Departamento de Izabal, alli tenemos tanbien otra gran fuente de ingresos para nuestro pais de donde muy bien el gobierno podia lograr muchos cambios para el bien popular, y no simplemente dejar que unos cuantos millonarios y depaso ni siquiera Guatemaltecos, sean los que se aprovechan de dichas riquezas, porque bien dicen nuestros adagios, a Rio Revuelto ganancia de pescadores o el otro que los vivos comen de los muertos, pensando bien estas cosas nuestra Guatemala tiene demasiados recursos para llegar a ser uno de los paises desarrollados de Ispanoamérica, pero se necesitan personas que piensen en un desarrollo comunitario para el bien de todo el el pais, personas capaces preparadas y sobre todo con dignidad, que piensen en el bien compartido y desde luego para esto deberan nacer nuevas generaciones que tengan una mentalidad diferente, todos y cada uno de los ciudadanos Guatemaltecos estamos conscientes de que nada es facil, especialmente despues de vivir treinta o cuarenta años con una mentalidad administrativa. Nuestra patria ha cambiado como cambiarse camisa, siempre siguiendo la misma idiologia, con el mito de la continuacion de obras que dice fueron comenzadas y que parecen buenas y sobre todo que han dado fuertes aplausos a nuevos dirigentes del pais, es imposible tambien que con ese mismo material humano queramos hacer cambios constructivos a una sociedad que ya no cree ni en lo que se come, mucho menos en lo que le muestran.

Pero para mientras continuemos con nuestro comentario Geagráfico, o Parcelario donde cada quien se siente mucho mejor en su propio Patio, cuanta comunicacion humanitaria y de compartir que hace falta dentro de nuestras Fronteras con nuestros hermanos de Centro América, donde si no hay una buena razon de pasar para pasar la linea Fronteriza, ya sea de intereses personales o económica, no se déjà ni visitar a tantos familiares dentro de los mismos paises; ya es tiempo de aprender de nuestros amigos de el viejo mundo

Europeo, donde uno pasa de un pais a otro y ni siquiera se da cuenta cuando se cruzan las Froteras, Ah; pero eso si pasaran muchos años para que eso suceda, pues tenemos dentro de nuestras autoridades a elementos que solo han sabido hacer el saludo y dar el mando Militar, y estos queridos ciudadanos no pueden saber que es, o que quiere decir la palabra Democracia, pues esto se ha convertido en un libertinage y que cada uno puede hacer lo que le da la gana, yo hé sido testigo de un acto insólito; encontrándome yo en una ezquina de una de las calles mas céntricas de la Capital, en espera del cambio de la luz y poder cruzar, por supuesto a pié, un ciudadano se detuvo en un alto conforme la ley y de pronto un individuo en la poca avertura de sus vidrio de la venatanilla del automobil, le metio la mano tirándole las gafas y lastimándole la cara, él abrio la puerta y salio y se dieron de bofetadas y la persona del auto le pegó y el otro sangró, llegó un policia acompañado de otro y mientras metio al dueño del auto dentro de la Radiopatrulla luego el otro policia parqueó a un lado su auto este otro le advirtio que tendría que llevarlo preso porque le habia pegado al que le habia quitado las gafas, y como habia sangre debia ir preso, vamos,,,,,, es imposible si es para eso que se utiliza el sistema

que dicen Democrático, es mejor que no funcione
pues de esa manera hay muchos malhechores
absueltos y ciudadanos honrrados que pagan las
consecuencias, yo personalmente pienso que lo
que se podia hacer en todo este rrollo, es que se
necesita una capacitacion honesta y real de toda
una administracion que cada dia dá un paso para
el frente y très para atras.

En la pureza de corazón de este pueblo ya
demasiado sufrido aun quedan muchas ganas
de mejorar las cosas y confian de que ese dia
llegará, sin embargo vuelvo a repetir es necesario
hacerlos sentirse piezas importantes dentro de
la comunidad que se compone de personas con
deseos de superación, y desde luego de hacer las
cosas bien hechas., (En cierto lugar habia un joven
que de verse todo el tiempo rechazado por la gente
de aquel lugar dispuso un dia alejarse de alli, se
fue a un lugar donde nadie lo conocia y trato de
instruirse en varias ramas de mucha importancia
en el lugar, este no se animaba aun ni a casarse
pues para él esto era imposible a pesar de que
tenia una novia muy bonita é inteligente, a este
lugar llegó un señor extranjero el que comenzó a
comprar tierras y luego a contruir casas y luego
venderlas, un dia se encontró con Leandro Juárez
que le decian, (El Bigotes) y le preguntó, que

trabajo haces muchacho, el le dijo no tengo trabajo pero sé hacer barios oficios luego de conversar con él por largo rato le preguntó si le gustaria trabajar con él y le dijo me llamo Alberto Mayen, el muchacho le contestó que le daría mucho gusto trabajar con él y le dijo te espero mañana mismo, comenzó a trabajar con el señor Mayen donde fue aprendiendo nuevos oficios Electricidad, Planos de construcción, Hidráulica, asi tardo un buen tiempo hasta que dicho señor dispuso regresar a su país y vendió todo, a esta situación Leandro Juárez (El Bigotes) pasó algun tiempo buscando trabajo pero como no pudo encotrar, dispuso regresar a su pueblo mientras aun tenia algun dinero de que vivir, se pasaba todos los días en el parque del pueblo y para todos seguia siendo el don nadie, un dia el alcalde del pueblo dispuso mandar a construir una casa estilo Europeo pero el problema era tener el plano perfecto para comenzar, el alcalde preguntaba a todos si alguien sabia de un buen constructor, todos decian señor aqui nadie sabe ni hacer planos ni construir, pero un dia llegó a dicho pueblo el señor Alberto Mayen invitado por el alcalde y pasando frente al parque vio que alli estaba (El Bigotes) se paro y lo llamó, le dice a el alcalde vea señor aqui me vengo a encontrar a mi antiguo trabajador y él es un buen constructor, el alcalde se puso muy contento de que su amigo se lo recomendara y le encargó la construccion de su casa él le dijo que con mucho gusto, le construyó una muy bonita casa, y despues (El Bigotes) se pudo casar y ya no le faltaba el trabajo, el alcalde lo escojió como su candidato para las próximas elecciones y (El Bigotes) llegó a ser hasta el alcalde de su pueblo., El ejemplo es para reconocer que esta bien visto de que nadie es Profeta en su tierra, y que a veces es necesario salir de un pueblo a otro, de un Departamento a otro y de un país a otro para poder conseguir el triunfo que buscamos, pero es conveniente tambien darle su verdadero valor a la gente por lo que es, el ser humano le gusta sentirse útil y no solamente un desecho de la sociedad.

Esta parte del país está poblada por gentes tanto sencillas, como tambien de personas de poder económico y su manera de compartir y convivir, es diferente a la parte Occidental de Guatemala, debido a su variada mezcla racial, pues en esta parte existe mas lo que en realidad se le llama Ladino, de Origen Español, Aleman y tambien Francés, y que tambien se hacen distinguir por su vestuario donde no utilisan el famoso traje o abrigo de lana como la gente del Occidente, que en su dialecto llaman (Capishay) hecho de pura lana de Oveja por lo general de color negro con lineas o franjas blancas de la nuca hasta las rodías, esto es algo que diferencia a las gente del Oriente, y son personas tambien que les gustan las fiestas casi siempre nocturnas debido tambien a su clima que por lo general es de temperatura caliente de los veinte grados hacia los treinta y dos grados centígrados, es gente muy cariñosa media vez como lo mencionaba antes las personas logran ver la sinceridad con que se les trata, y pueden formar una amistad, pues tambien son personas de carácter muy arrebatado y llegando a ser agresivo donde no se habla mucho para llegar a los puños, machetazos o balazos si es necesario, siempre se la llevan de ser los gallitos del Oriente.

Habia una vez una muchacha de Oriente que tenia una hermana de su madre que vivía en la capital y luego siendo muy escasas las posibilidades de esta joven para poder seguir sus estudios en su pueblo Gualán del Departamento de Zacapa, su madre la envió a estudiar a la capital viviendo con su tía, se trasladó hacia la ciudad de Guatemala, y comenzó su estudios en el transcurso del tiempo justamente ya cerca de terminar su Bachillerato esta señorita por cierto de cabello rubios y ojos azules conoció a un joven tambien estudiante, y se enamoraron llegando a ser novios, un dia dicho muchacho estando en los dias de sus exámenes finales de sus estudios, invitó a su novia a una funcion de cine y ella aceptó muy feliz y le dijo esta muy bien pues yo quiero tambien hacerte una invitacion, estos jóvenes se fueron a dicha función desde luego no sin antes pedir permiso a su tia la que gustosamente habia aceptado, estando en el cine la joven le dijo a su novio, te quiero hacer una invitación, él le dijo de que se trata y ella le dijo que vengas conmigo a mi pueblo pues es la feria de allí y quisiera tambien presentarte a mis padres, el muchacho con un poco de tristeza le contestó que no podia ser porque precisamente en esos días debía pasar sus exámenes finales y le era imposible acompañarla, pero que ella si queria lo podia hacer,. Con un poco de tristeza la joven le dio la razón por la cual él no podia acompañarla, y comenzaron a preparar el viaje de ella a su pueblo, la joven se fue y paso el tiempo dicha joven no volvia y ni siquiera su tia sabia que habia ocurrido, un dia la tia de la joven llamó a el novio de su sobrina y le dijo yo quiero hablar con usted venga pronto, inmediatamente el joven acudio al llamado de dicha señora, ella le contó lo ocurrido y le dice; resulta que mi sobrina antes tenia un amigo en su pueblo y cuando llegó la fiesta del pueblo sus padres la llevaron a la fiesta, y estando en el salón del baile se presentó su antiguo novio el que le pidió que bailara con el y ella aceptó con la intencion de hablarle de su nuevo romance, y le dijo que los dos eran estudiados y que ya no podía ser su novia el muchacho le dijo que no podia ser, pero como él la queria demasiado la dejaría en paz a lo que el muchacho se salió del lugar y más tarde regresó ya con algunas copas y la invitó nuevamente a bailar ella accedió, pero cuando estaban bailando el sacó un revolver y le dijo, si no serás para mí, no serás para nadie mas y dándole un balazo en el estómago, él tambien hizo lo mismo pegándoselo en la quijada cayeron los dos al suelo ante la mirada atónita de la gente que se encontraba en la fiesta, a los dos se los llevaron en una ambulancia al Hospital, ya que permanecían aun vivos pero muy graves y los médicos hicieron todo lo que pudieron por salvarles la vida, los salvaron y permanecieron Hospitalizados por varias semanas, mientras se iban reabilitando se hablaban el Hospital y despues fueron haciendo nuevamente una amistad y enamorándose de nuevo, el caso es que cuando les dieron de alta resolvieron casarse, y ella se olvidó de su novio de la capital, luego su tia pidió disculpas al muchacho pero al mismo tiempo dándole gracias a Dios porque él no la había acompañado al pueblo porque quizás él si habría muerto en dicho accidente.

Esto para decir que ya llevan por dentro el defender lo que piensan que les pertenece, y quieren defenderlo a costa de lo que sea el caso es que esta es una de muchas otras cosas de las cuales se ve una enorme diferencia de comportamiento de Oriente a Occidente, pues aquí no se practica la sumisión de la persona al contrario son ellos los que ponen sus reglas de vida, se ve un poco de sequedad en sus corazones pero muy dentro de ellos existen cosas tambien maravillosas, son personas tambien que saben aprovechar los momentos de reconciliacion y arrepentimiento, de esta parte del país han salido varios dirigentes nacionales que por una o varias razones no han podido conseguir hacer lo que Guatemala necesita, ya sea por querer hacerlo a fuerza del poder, o por no encontrar el apoyo ciudadano que quisieran, sin embargo cuando la gente se propone hacer las cosas colectivamente, se puede no hacer lo que se quiere, sino tambien lo que conviene en general porque estando de comun acuerdo con las personas que nos rodean se puede conseguir tambien mucho bienestar para todos, *y para eso lo único que es necesario es tener la voluntad de hacerlo, y la conviccion de que todo lo que se busca es el bien general, la gente de este lugar del país, es tambien muy luchadora son de armas tomar como se les llama pero cuando se trata de buscarse un trabajo o la manera de vivir se preocupan hasta lograrlo.*

Teniendo la ventaja en este sector, de las fronteras con el Salvador y Honduras tienen tambien mucha posibilidad de el intercambio de sus productos a nivel Agrícola y Ganadero, con cualquiera de sus paises vecinos cruzando dichas fronteras se hace mucho comercio especialmente en la venta de frutas y legumbres hacia la república de El Salvador donde lo que escasea son las legumbres, por ser un lugar mucho más caliente que en el area de Guatemala, en el area de Zacapa y Jalapa se utilizan los medios de irrigación que son los que ayudan mucho a mantener las areas cultivadas de legumbres húmedas y manter los cultivos frescos, viajando hacia el Oriente vemos siempre a la orilla de la carretera que nunca faltan los paisanos con sus ventas de legumbres y frutas muy frescas ofreciendolas al visitante, de la parte mas al Sur tambien son muchos los productos que nuestros agricultores llevan a la venta, ya sea por donde pasa una carretera, o llevando hacia la capital sus productos normalmente en las parrillas de un Autobus extraurbano llevando diferentes clases de frutas y lo comun son las Iguanas, que las llevan dentro costales o en canastos construidos de caña la que llaman (Carrizo) de esta manera viajan ofreciendo sus productos y de regreso tambien lo hacen llevando lo que en la finca necesitan para su consumo diario o tambien carne, ron y algunos cigarrillos los que comunmente algunos amigos o familiares les encargan.

Estas personas que por lo general trabajan para un patrón, tienen la oportunidad de celebrar a cada año su fiesta patronal que es precisamente el día del santo como se llame la finca, por ejemplo; Una vez me invitaron los hijos de un amigo de mi padre para acompañarlos a la celebracion de la fiesta titular de su finca el día de San Francisco, que asi se llama la finca y yo encantado les acepté la invitacion, nos fuimos ese día por la tarde hacia la finca, llegamos aproximadamente a las cuatro de la tarde, el padre de ellos llevava cajas de licor carnes y pan para repartir a sus trabajadores, y comensamos a llamar a la gente, las mujeres corrian de lado hacia el otro llevando toda clase de cosas para la cena, otros estaban adornando los postes que estaban en el patio de la casa de la finca, que por cierto eran de grandes dimenciones. Por la noche a partir de las ocho, comenzaron el Caporal y el Administrador de la finca a llamar uno por uno a los trabajadores por sus nombres y entregándoles un sobre el que contenia sus salarios, luego más tarde comenzaron a servir la cena y por supuesto los tragos, al terminar la cena la que amenizaba una orquesta y un conjunto de Marimba, comenzó la gente a bailar y siempre tomando se divertian dando vivas a su Santo patrón de la finca y su patrón, el dueño de la finca, bailaban reian gritaban, mis amigos me decian, ya verás como se pone esto de alegre más tarde pero ni ellos ni mucho menos yo nos imaginábamos hasta donde se llegaría con tal algarabia, a la media noche comenzaron algunos a insultarse a tirarse botellas y muchos sacaron su Machete el que tenian en la cintura en una baina de cuero, comenzaron a pelear, el Administrador sacó su revolver y se puso a disparar al aire para calmarlos y nosotros en ese momento regresamos hacia la capital.

CAPÍTULO III

[Valores generales]

El Guatemalteco en general se puede identificar por muchas razones muy propias de su cultura, se dice que es una persona que sabe buscar la manera de ilucionar, engañar, prometer y como comunmente decimos cuentear, pues se las ingenia de cualquier manera para salirse siempre con la suya, tambien son personas que estan dispuestas para ocuparse de lo que sea o que le ofrescan de trabajo donde exista una manera de ganarse unos cuantos reales, en el mes de Enero se comienza con el dia de Reyes, y de cualquier manera esa se convierte en una celebracion, me estoy refiriendo ahora a una region de Guatemala que es la capital, donde como lo hé señalado antes se concentran personas emigradas de todos los ámbitos del país, y donde se mesclan las diferentes costumbres, pero sí en el mes de Enero se comienza con el día de Reyes luego se las arreglan para comenzar a viajar hacia la ciudad de Esquipulas festividad que se celebra el día 15 de Enero, y a donde llegan peregrinos de todas partes de México y el resto de Centro América, y desde luego despues comenzando la cuaresma se espera con ansias de participacion la gran Semana Santa, que es única en su género de creencias y donde participan hasta las autoridades mas altas del país, esto para decir que todo este pueblo es partícipe de créer que existe un ser supremo que nos guía en cualquier empresa o actividad comunitaria.

En otras palabras el pueblo de Guatemala, es un pueblo que solo necesita un poco de interés popular para salir adelante, como muestra tenemos los trabajos que se han organizado dentro de lo que antes se llamaba el Instituto Guatemalteco de Seguridad Social, que a travez de muchos años de labor comunitaria han podido poner al servicio de los Guatemaltecos y el mundo entero que nos visita las grandes instalaciones de lo que es el I.R.T.R.A, que es el orgullo de todos como el (Xocomil) Parque de atracciones muy bello y el otro, Parque Xetulul, que son una muestra de lo que se puede hacer trabajando conjuntamente por un ideal que es el de mejorar la imagen de un pueblo ante la vista del mundo, esto demuestra la grandeza y pujansa de lo que se puede desarrollar en beneficio de la sociedad, mil veces bravo señores de la administracion del (Irtra) porque es de esa manera y no de otra como se puede llegar a sentirse orgulloso de ser Guatemalteco, la manera mejor de hacer que un pueblo se desarrolle creo que es cuando nosotros tengamos a la vista uno de nuestros compatriotas de buena voluntad tratando de tirar hilos para un nuevo proyecto y veamos que ese será bueno para la sociedad, tratemos de ayudar a ese hombre o esa mujer a que ese plan que tiene sea una realidad, y no que en lugar de eso le cortemos el hilo para que no pueda llegar a ninguna parte con sus iluciones de superación.

Otro tipo de pensar de nuestra gente es el siguiente; Cuando uno de nuestros conciudadanos se dispone a abrir un negocio de lo que sea, lo normal es que immediatamente comienza a repartir su propaganda dentro de posibles clientes, pero nuestra costumbre es que lo primero que decimos, a ese en ese lugar no le irá bien allí no prosperará se hundirá porque no le llegará gente además ese no sabe de negocios, señores en lugar de eso vayamos a visitarlo y apoyémoslo, tratemos de ser optimistas junto con él y que sienta que estamos con él porque nosotros deseamos que se supere, porque es lamentable pero de eso si que tenemos mucho que imitar de nuestros amigos Italianos, Portugueses, Chinos y demas Orientales porque ellos si que se saben dar la mano de verdad.

Pienso de que esto podría tener ya un origen muy familiar, donde los niños en un hogar viven continuamente escuchando esos comentarios de sus mismos padres, y es asi como se llega a crear esa mentalidad pues lo mismo cuando un niño pregunta a su padre, si el perro de la vecindad es malo porque muerde y el padre le contesta sí es malo hay que tener cuidado, o el señor de la vecindad es malo porque regaña a su hijo, sí es malo y de alli el dicho vecino jamas volverá a ser bueno para ese niño, aunque pudo ser una negligencia de su padre por no haberle explicado mas o menos porqué el padre del niño vecino hacia eso con su hijo, porque es lo que el niño vé y escucha de lo que su mente se formará para siempre, y de donde nacerá una nueva sociedad con mentalidad equivocada, y de allí viene la equivocación de diferencias de clases sin pensar de que no todos somos buenos para todo pero si, somos buenos para algo y podemos aprender mucho de la persona más humilde.

Pensando que de esta manera podemos llegar a ser una comunidad poderosa y unida, tratemos de ser leales a nuestros antepasados pues de una manera u otra se protegían, aun se vé en nuestros indígenas cuando viajan a la cabecera de su Departamento que viajan en grupos de diez o quince y cuando se preparan a cruzar una de sus calles siempre estan atentos para ver si pasan todos juntos, pero uno detras de otro tratando de mantenerse en grupo y unidos o sea que eso ya pertenece a su cultura como se dice, uno para todos y todos para uno.

Se padía llegar muy lejos por la fuerza que dá el ser unidos, y siempre que cuando tengamos la oportunidad de prestar un servicio lo hagamos sin pensar en la recompensa y si tenemos algo que decir a nuestro prójimo lo hagamos hoy en este minuto, no esperemos que sea demasiado tarde para luego tener que arrepentirnos sin remedio, como dice un refrán; en vida hermano en vida, en realidad quisiera dirijirme un poco a nuestra juventud que serán los pilares del mañana, la comunicación dentro de la familia es lo mas importante para guardar la armonia y lograr- conocer los sentimientos y actitudes de nuestros hermanos y hermanas de sangre, si el padre no se hace el tiempo para escuchar sus inquietudes, tampoco vayan a sus amigos de su misma edad, pues ustedes saben que la falta de experiencia hace a veces cometer imprudencias, el que les aconseja hoy tambien pasó por ese camino de la adolecencia, cierta vez en mi escuela se acercaba una salida hacia el campo, y estaba bastante interesante para todos ya que en esa oportunidad se unirían los alumnos y alumnas del cuarto grado, y habia que demostrar quien era bueno para la natacion, yó, el que apenas podia nadar, se yegó el día y por el miedo de decirle a mi padre y que él me dijera mas o menos la técnica a usar lo consulté con mis compañeros de quinto grado los que me dijeron, para saltar en clavado en esa poza, hay que venir de el lado del sol hacia el otro lado, pues se trataba de un río donde había una enorme poza con diferentes alturas de donde se hacian los clavados y eran rocas grandes, pero esa mañana el viento soplaba muy fuerte y cual sería mi sorpresa cuando me tiré hacia abajo me cojió un fuerte viento dándome buelta y luego caí dándome tremendo panzaso quitándome la respiración y casi no podía salir, esto pasó y cuando yo le conté a mi padre él me advirtió, en esa poza hay que tirarse dependiendo la hora que sea pues en la mañana es a favor del viento, y por la tarde en contra de la corriente del viento y después de que mi padre me dió esa explicación, jamás volvi a fallar pero ya habia pasado la verguenza delante de mis compañeros y compañeras de escuela, o sea que esto es para decirles que los padres son primeros a quienes debemos acudir en cuestion de consejos, debemos convertirnos en verdaderos amigos de nuestros padres que de alguna manera ellos encontrarán un tiempo para una conversación amena de padre é hijo.

Al mismo tiempo en nuestros estudios, debemos hacernos aconsejar por verdaderos expertos que nos den una buena orientación sobre lo que verdaderamente deseamos estudiar, y en lo que más nos gusta pues jamás se debe insistir tratando de aprender lo que no nos gusta, y sobre todo sentimos que no es nuestra verdadera vocación y nunca hacer lo que normalmente todos hacen seguir el consejo de Vicente, (a donde vá la gente, a donde vá Vicente) es importante tener una visión bien clara y definida de lo que vamos a ejercer para siempre y esto que sea lo que traerá mantenerse al día con el inpulso de la era moderna, y cambiará estructuralmente, pero nunca tendrá cambios técnicos, teóricos y científicos y al contrario al profesional lo mantendrá en la contínua búsqueda de superación todo el tiempo.

Los padres con sus hijos, decimos siempre que nuestro hijo (a) queremos que sea como nosotros o si es posible mejor, para que con el tiempo logremos una superacion completa en general, haciendo que desde la familia se comience a formar una sociedad moderna, pujante aunque vengamos de familias de labradores de la trierra, yo, debido a mi esfuerzo me hice un profesional con estudios superiores, luego mis hijos los que sea hombres o mujeres se han convertido en unos profesionales, pero es necesario que salgamos de ese círculo donde yo fui o me hice un médico, y por lo consiguiente quiero que mi hijo sea tambien médico, pero que pasa cuando el hijo debido a ese abandono en que há pasado su niñéz, porque el padre se pasaba siempre en el Hospital, prácticas y reuniones, se indigestó de los médicos y él no quiere ser médico, desea ser un abogado, o un arquitecto, por supuesto que hay que darle el apoyo necesario, aun cuando nos cueste un poco de tiempo extra para apoyarlos en sus ilusiones de llegar un día a ser alguien y sobre todo alguien diferente, é importante y de esa manera pueda yegar a amar aquello que estudió, que le gusta y pone todo su empeño para que lo que hace le salga siempre lo mejor posible y lograr realizarse con lo que há soñado desde su niñéz, es muy importante tener una confianza absoluta entre ambos para que todo aquello que el hijo desée o piense todo el tiempo sea consultado con sus padres, para ser ellos los primeros partícipes de aquellas inquietudes é iluciones que un adolecente piensa y sueña en su juventud, que todos hombres y mujeres en la vida se nos presentan mínimo très oportunidades buenas para triunfar en nuestra vida, cuando yegamos a un momento de ella en que se nos presentan como un ramal de caminos, y allí paramos un momento a pensar cual de aquellos es el mejor y es allí donde todos necesitamos que alguien de experiencia en la cosas de la vida nos dé una mano pensando, qué puedo hacer, cuál será el mejor, de qué manera lo hago, dónde comienzo para alcanza mis anhelos, mis deseos de superación y cuantas ideas pasan por nuestra mente, pero es allí donde un buen consejero y que mejor que los mismos padres es decir, si estos estan bien preparados porqu de lo contrario lo que se hace es confundir mucho más las ideas y sentimientos de los hijos, es increíble pero es la etapa más importante de la vida como lo es la adolecencia que es el momento cuando se pueden asimilar las cosas más concretas que nos lleven a triunfar o fracasar, según sean expuestas por nuestros semejantes.

En un mundo donde la opresión y la ambición de los poderosos se impone, y la sumisión de los impotentes se hace sentir más, es necesario tambien pensar en normas de balance para las nuevas sociedades del futuro, dando oportunidad a un desarrollo comun, colaborando con los proyectos de mejoras guvernamentales é internacionales existentes, y al mismo tiempo buscando un apoyo técnico, científico é intelectual de nuestros países amigos los que siempre están dispuestos a darnos una mano, y vuelvo a recalcar lo mismo en la preparación de nuestra sociedad pensando en lo que antes mencionaba, las oportunidades que la vida nos ofrece en esos caminos los cuales nos quedamos viendo en nuestra juventud, y que a veces por querer tomar el mejor nos decidimos por el más equivocado debido a la falta de orientación, cuantos de nuestros jóvenes estan siendo consumidos por las drogas y malos hábitos que los llevan a la muerte segura, pero esto viene desde su formación la que no há sido sin lugar a dudas la mejor de la formaciones, y es allí donde se debe enfocar el problema todos sabemos que no podemos tapar el sol con un dedo como solemos decir, pero sí estoy seguro que con todos los dedos juntos lo haremos,

Guatemala, adornando su parque central con su hermosa Catedral, su imponente Palacio Nacional construido de cemento, granito y mármol de color único en su género, su centro cívico donde se encuentran los modernos edificios como; el Banco Nacional, Crédito Hipotecario, Rentas la Municipalidad Capitalina, y muchos más que dan un toque de señorío justo de una ciudad moderna, pero yo me pregunto; qué pasó con aquella ciudad que existió por los años 1950 al 1970, donde se podía caminar con una tranquilidad muy diferente de la que hoy se vive, y no me refiero a las fechorías que puedan ocacionar los dueños de lo ajeno, no es a lo que me refiero la ciudad era libre por todas partes se caminaba sin tropiesos, sus calles las rondaban Policías en sus bicicletas y lo que nada mas permanecía abierto se podían enconttrar Restaurantes, Bares, ventas de cigarrillos y Farmacias pero en la calle no se encontraba ninguna clase de venta como actualmente pasa, y eso desde el parque central hasta lo que es la Municipalidad incluyendo de la 5a. hasta la 12a. avenida.

Ahora vuelvo a lo anterior, esta es la consecuencia de la mala distrubución de los programas de alfabetización informacion, y por supuesto la intruducción de técnicas de preparación a nivel nacional de los que carece nuestra sociedad actual, los problemas serían mínimos si en lugar de ponerse a recaudar los impuestos que recibe la Municipalidad, por concepto de derechos de venta callejera, se ocupara en verificar la procedencia de estas personas y hacer que se preparen en sus lugares de origen, y cada uno de ellos se convierta en una pujanza vital para su población, ya que como antes mencionaba no todos somos buenos para todo, pero somos buenos para algo, y es así como cada cual se yega a sentir un elemento útil en veneficio de la sociedad, y al mismo tiempo sería una buena oportunidad para darle un buen maquillaje y embellecimiento a nuestra ciudad capital, es posible que esto sea un sueño pero quizás realizable aunque sea a largo plazo, es necesario pensar en las cosas importantes para la conservacion de todos esos elementos que nos identifican como una sociedad capaz de formar y transformar, y al mismo tiempo inventar todo lo que daría a nuestro país una nueva imagen ante el mundo, y llegar a ser una atracción agradable al visitante, y desde luego nosotros quienes radicamos en el exterior del país convirtámonos en verdaderos embajadores de nuestra tierra, ya es tiempo que mejoremos nuestra manera de pensar y actuar cuando estemos lejos de nuestras raícez, el criticar a veces es bueno y puede ayudar a mejorar un poco las cosas, pero la crítica sin acción no vale la pena, porque estamos haciendo lo de el dicho que dice; del árbol caído todos hacen leña.

Anteriormente me referí a nuestros jóvenes y con mucha razón porque ellos serán el día de mañana los responsables de el futuro de esta bella tierra que nos vió nacer, pero demos a ellos las herramientas necesarias para que esto se desarrolle, y qué mejor que con nuevas ideas de transformación y estructuras con bases sólidas que perduren, como este escrito tiene de título el querer desenterrar de los escombros muchas cosas útiles el día de hoy que nos podrían servir de ejemplo pero no hagamos como exactamente lo hacían nuestros Mayas, que al terminar un gobierno ellos cerraban completamente ese capítulo, y luego al comenzar el nuevo hacían nuevas leyes, nuesvas estructuras y como quien dice borrón y cuenta nueva porque ahora comienza una nueva era, siempre es necesario aprovechar las experiencias y muchas cosas buenas que esta cadena de pesamientos que por medio de largas horas de debates y discusiones habian yegado a ponerse de acuerdo y las adoptaban, y esto que bien podrían ser no como ahora que se entiende la cantidad de personas que forman los debates en sesiones especiales dentro del congreso de la República, estas personas posiblemente no pasaban de veinticinco quienes opinaban o daban su voto de apoyo a las leyes que se adoptarían posteriormente, actualmente se llevan semanas enteras en los debates y aun meses sin poder implantar nuevas, nuestra juventud yo estoy seguro que traerá cerebros frescos con ideas maravillosas y que vengan pensando no solamente en su triunfo personal, pero en un triunfo patriótico y al mismo tiempo próspero para todos en general, aunque sea a largo plaso pero que un día sea una realidad.

Ahora hay otra cosa a la cual nadie quiere valorizar por su capacidad, tanto moral como intelectual y sobre todo humanitario, que por siglos há luchado por lograr encontrar un lugar digno como se lo merece dentro de una sociedad a la que há dado tanto de su vida, su esmero, su paciencia, su sabiduría, su amor y al mismo tiempo há sido pisoteada y ultrajada y quien verdaderamente está siempre colaborando con el engrandecimiento de las masas a las que pertenece., Me refiero señores a la Mujer, a esas damas que de clase alta en la sociedad ó cencilla y humilde, todas tienen esos dones de capacidad física, moral, intelectual y espiritual de que casi nunca nos queremos dar cuenta a causa de nuestro Machismo, el yo soy el que mando y se hará lo que yo digo y sin darnos cuenta que sin ellas no somos nadie, el hombre triunfa en grandes empresas si, pero no queremos darnos cuenta de que siempre detrás de un gran hombre, hay una gran mujer que esta siempre atenta a darnos la mano cuando lo necesitamos, demos el valor que ellas se merecen y si somos personas civilizadas démosles un gran aplauso cuando ellas logren salir adelante en sus empresas, y sin darle tantas vueltas a este asunto en nuestro hogar, es tan hermoso sentir que nuestra compañera se siente apoyada en sus quehaceres de la casa haciendo aunque sea algo censillo junto a ella en la casa, cuidar los niños, jugar con ellos, fregar los trastos que esos momentos terminan muy bien pagados, estoy de acuerdo de que la mujer es lo más importante en nuestras vidas, un mundo sin ellas sería como un jardín sin flores, intelectualmente, la mujer se dasarrolla de mil maravillas haciendo su trabajo con esmero impecable, a veces sobrepasando los límites de acuerdo a sus obligaciones.

En cuanto a su tarea fecunda, es el utensilio más eficaz que nuestro creador haya fabricado, pues lo demuestra con sus dones sentimentales hacia sus criaturas y al mismo tiempo compartiéndolo con su compañero de hogar a quien tambien dedica mucho de su tiempo, y no se trata de seres que vengan de otro planeta porque se trata simplemente de la mujer en general, quisiera hablar de la mujer Guatemalteca especialmente, aunque esto incumbe a todo Hispanoamérica debido a que todas llevan el mismo maltrato é imponencia por el sexo opuesto, pienso que sería muy importante darse la oportunidad de salir alguna ves de nuestra tierra, pero no de vacaciones sino para buscarse la vida, pues esa es una buena manera de llegar uno como hombre a darle su verdadero valor a nuestra esposa, amiga, hermana o nuestra madre poniéndonos un poco en su lugar en los servicios que a nosotros los hombres ellas nos dan sin pensarlo dos veces, cuando uno se dá cuenta de que hay que lavar su ropa, cocinar sus alimentos si no quiere vivir pagando todo el tiempo, poner en orden su habitación y al mismo tiempo si no existe en el mismo lugar donde se vive, lavadora secadora de ropa y tengamos que salir cargando las bolsas hacia la lavandería más cercana para mantenerla limpia y no tener que usar la misma toda la semana.

Saliendonos un poco de la ciudad en Guatemala, en los Departamentos y municipios donde la mujer vive la mas fuerte emoción con su trabajo, caminando a veces muchos kilómetros cargando un niño en la espalda, otro llevado de la mano, y además en su cabeza un bulto de lo que pueda ir a vender o comprar segun su situación económica, claro está que en esto no se habla de la mujer con buenas posiciones de vida sino de el complemento del hombre en general en una familia, donde a fuerza de sacrificios se sale adelante tratando de dar a los hijos alguna instrucción para su futuro, y creo que ya es tiempo que nosotros como hombres civilizados demos su lugar y apoyo incondicional a la mujer, por lo que verdaderamente es y dejando a un lado los sentimientos que por mucho tiempo hemos llevado é ignorado lo que más queremos, si en verdad se ama al sexo bello es necesario demostrarlo pero con hechos.

En tiempos pasados se tenía la idea de que la mujer era simplemente, una compañera que de alguna manera debía permanecer junto a un hombre porque este fuese un protector para ella y, al mismo este la usara para sus servicios domésticos, necesidades y que haceres de la casa sin tomarla en cuenta en sus actividades de tipo empresarial, y tambien en la parte económica debía ser el hombre quien llevaría el sustento diario a su casa y por lo tanto la compañera no tenía arte ni parte dentro dicha actividad, pienso que esto se deriva muy posiblemente a sus orígenes étnicos de donde se deriva esta actitud, pensando siempre en aquello que jamás vamos a poder dejar tirado en ninguna parte porque lo llevamos arraigado muy dentro de nuestro ser, se habló antes de lo que se practica mucho en nuestro mundo Ispanoamericano y se nota de muy lejos el gran título que llevamos marcado en nuestra frente, sin poderlo limpiar porque no habría detergente capaz de borrarlo y que se llama; (Machismo), y la única forma quizas de hacerlo sería la intruducción dentro de una sociedad culta, y habría que comenzar con nuestra educación personal para llegar a un nivel de aceptación como personas civilizadas, y volvemos de nuevo con el trabajo en el nucleo familiar que es esencial siendo allí donde donde se desarrolla la base elemental para el logro de una sociedad con princios firmes, cuando todo el mundo logre hablar y dialogar con el mismo lenguaje de principios culturales y morales del mismo nivel, podremos llegar a tener la ilusión y presentimiento de que habrá yegado un cambio radical y muy importante del que se verán hechos una bella realidad los anhelos de superación que tanta falta nos hacen, y que un día no muy lejano las futuras generaciones se sentirán muy orgullosas de pertenecer a raíces culturales como las nuestras.

CAPÍTULO IV

[Orígen cultural]

Podemos decir que en Guatemala, se conserva aun muchas costumbres derivadas de sus múltiples culturas étnicas y soy de la opinión de apoyar la conservación de estas riquezas sin olvidar el lugar que se le debe dar a todo ser humano como persona, pues desde los comiensos de esta civilazación Guatemalteca se há comprobado el gran trabajo que la mujer viene desempeñando desde tiempos muy remotos, como por ejemplo; La tarea del tejido de telas para elaborar los trajes de todo tipo ya sea de diario o ceremonial, siempre fue un trabajo desempeñado por las mujeres pues eran ellas quienes se ocupaban de trabajar en los telares o talleres de tejidos que hasta la fecha siguen funcionando, tejiendo telas muy vistosas de múltiples colores y llamativos que siguen impresionando al visitante, supuestamente estas empresas deberían ser las más fuertemente apoyadas por nuestros mandatarios, pues esto juntamente con los lugares de atracción y recreación, debieran siempre caminar de la mano para lograr transformar dichas riquezas en un patrimonio nacional, es increíble como se las ingenian para la frabricación de tan bellos dibujos como; bolitas, camarón rojo, hoja de árbol, muñequito, mano de perro, maripoza y muchos otros que con un talento enorme tratan de plasmar en sus tejidos típicos muy diferentes logrando así una identidad muy propia de su origen.

Hablando en términos generales de lo que es el territorio nacional y sus habitantes, podemos tratar de describir un poco sus costumbres y manera de vivir, por ejemplo sus viviendas ellos las construyen tambien de acuerdo a su clima y condición meteorológica, si es el area del sur y oriental medio donde es caliente y seco por lo general sus viviendas son construídas de manera que siempre se mantengan ventiladas para evitar el intenso calor, de madera y piso de tierra o cemento que tambien suelen usar los techos de palma o la hoja da caña de azucar pues segun se dice puede guadar mucho más tanto el fresco de la mañana, pero tambien el frio del cereno en invierno, en el area del centro y occidente su construcción tambien es de acuerdo a su clima en la parte templado por lo general utilizan la teja de madera o (teja manil), y lámina de Aluminio con sus techos bastante agudos para falicitar es escurrido de las lluvias, en el area fría es utilizada muchas veces la teja de barro cocido pues segun se crée este material puede guardar mas tiempo el calor, y varía tambien dependiendo de la situación económica de las personas, me parece que donde se utilisa mucho más la teja de lámina de Aluminio es en area del noroccidente y norte del país debido a su clima mucho más lluvioso.

Por lo general las viviendas son construídas con un solo salon el que más adelante segun aumenta la familia se ven en la necesidad de hacerle diviciones hechas de cañas de carrizo o de milpa que es la planta del maíz, el lugar de la cocina esta siempre ubicado en el centro para poder cocinar y al mismo tiempo poder calentar la casa completa, en algunas de la viviendas instalan en alguna de las ezquinas un lugar especial construído de blok o ladrillo llamado (pollo) con orificio que le sirve de chiminea que haga salir el humo, el lugar donde duermen desde luego en el area rural, son camas hechas de cuatro orquetas y palos que sostienen un camastrón, o tambien utilizan los (catres) hechos de alambre tejido donde tambien tienden un colchón hecho ya sea de lana o de paja fina, como alumbrado en el area donde existe el pino rojo que le llaman (Pino de Ocote) lo utilizan en rajas delgadas de la que forman como antorchas, tambien lo utilizan para alumbrar sus fogatas por las mañans que es cuando comienzan a cocinar, a un lado casi siempre hacen instalar dos cosas que les son de suma importancia y son un horno de forma redonda dejando una puerta cuadrada que déjà ver el interior y por donde introducen madera que luego queman para calentar dicho horno al rojo vivo, y despues allí es donde ponen a hornear el pan que lo hacen de harina grasa y huevos y sus ingredientes, luego algo que muy bien hoy podríamos llamar baños termales que le llaman, (Chuj) en dialecto mam o pocomam que tambien es (el temascal), esto lo utilizan tanto para su aseo o para asuntos medicinales para todos en general, su servicio de agua algunas lugares tienen la suerte de contar con algun programa de agua potable, y utilizan tuberias de las que se surten para sus necesidades pero en otros lugares que no cuentan con ese servicio poséen posos que por falta de ayuda o recursos los dejan destapados y se convierten en insalubres, otros que no tienen nada de eso logran vivir cerca de algun río del que se surten no importando su contenido contagioso.

Ellos tambien suelen construír una choza a la que llaman (troj), para almacenar sus granos y que hoy se conocen como (silos) o bodegas, estas son personas que han sabido mantener muy cerca en similitud sus creencias religiosas, si recorda mos el famoso libro (Popol-buj), que tambien se le conoce como la biblia de los mayas, debido a estas creencias tan similares que a cambio de personas ellos mencionaban animales o árboles para identificar a sus personajes, ellos tenían creencias sobre cantidad de Dioses que les tenían diferentes nombres, por mencionar algunos de ellos, Dios de la lluvia, Dios del maíz, y muchos más, pero si estuvieron convencidos de que existía un ser supremo que guiaba toda la creación, y ellos sin que nadie se preocupara por hacer una traducción de la doctrina Cristiana a su lengua propia, supieron aceptarla pues de alguna manera sabían que eso había sido su práctica de siempre, en cuanto a su cuidado personal o comunitario ellos tambien saben tratar sus enfermedades y padecimientos, es muy comun ver en las viviendas si uno pasa por las tardes se déjà ver el humo que sale en la galera o cabaña donde ya han encendido el fuego dentro del (temascal) el que tambien esta construido de la misma o parecido a lo que es el horno de hornear el pan, solo que este dentro del mismo tiene el fuego dentro de una cavidad hecha con piedras las cuales se van quemando conforme el fuego se hace mas fuerte y cuando el fuego se apaga, las piedras quedan calientes al rojo vivo y cuando la persona o las personas se meten adentro rosean agua fría y desde luego sale un vapor tan fuerte como los baños termales, ellos estando dentro se pegan ramasos con agua que son ramas de árbol verde y de esa manera se estan curando alguno de sus males, en realidad que tanto sus creencias como la fidelidad a sus antepasados sigue manteniendo su riqueza de cultura única en el mundo.

Sería muy importante ver y analizar qué grande fué y sigue siendo esta cultura, a pesar de los diferentes cambios que a cada año se hacen esta civilización sigue dando muestras de grandes valores, y por eso vuelvo a recalcar; Ya es tiempo que esta clase de personas se les tome en cuenta y se valorice verdaderamente por lo que son y pueden valer dentro de una sociedad que a cada día se pierde más y más, es normal que en Guatemala se sea bastante como dicen, (llenos de babosadas) pues debemos de considerar la mescla que existe en la persona que se llama Ladino, siendo el caso de que ya forman parte de una mescla de Idígena y Español, donde ya estas dos culturas juntas se transforman en todas esas que llevamos por dentro a saber; bergonzosos, araganes, reservados, mentirosos, informales, impuntuales, desconfiados y muchísimas cosas mas las cuales forman parte de nuestra cultura Hispanoamericana, ya de esta situación hemos hablado bastante largo y volvemos de nuevo a nuestros Autóctonos Indígenas, quienes nos dieron la oportunidad de tener una cultura muy propia a la que yo considero muy rica por lo que hé aprendido a aceptar todas esas pequeñas y grandes cosas que los Guatemaltecos llevamos en la sangre por ejemplo; Tenemos digamos una asociación y por lo tanto debemos reunirnos con frecuencia para conversar y decidir las actividades a realizarse, o digamos hago una fiesta, me encuentro a un amigo cuatro días antes y lo invito muy cordialmente y le digo, no faltes, él me contesta ya sabes vos allí estaré se llega el día nos divertimos todos pero mi amigo no llegó, una semana mas tarde lo encuentro y le digo, que pasó te estuvimos esperando, él me dice há figate a última hora tuve un contratiempo y no me fue posible llamarte, pero yo como ahora ya sé quienes somos y de donde venimos se lo acepto, esas son las cosas mas corrientes dentro de nuestra sociedad.

Ahora hablando de nuestros indígenas, ellos conservan aun muchas buenas costumbres las cuales llegarán a morir con ellas por ejemplo; En la familia su manera de organizarse es algo muy especial debido a su respeto entre sí, y esto es para mantenr cierta jerarquía governada por el padre quien asume el cargo de jefe de familia y a quien todos guardan respeto, sobre todo porque es él quien se encarga de todo el mantenimiento de la de casa y sus hijos en general, de la compra y venta de sus productos acrícolas, animales y terrenos pues tambien ayuda a sus hijos a buscar a la esposa que le convenga según su rango familiar y tambien los hijos continúan con la misma jerarquía comenzando por el mayor, porque este tiene que tomar más o menos la misma responsabilidad del padre y convirtiéndose en un verdado heredero en esa familia, y es esa la idea que suelen implantar tan fuertemente que hasta se olvidan a veces de su asistencia a la escuela porque consideran mas importante la enseñanza familiar que la que reciben en la escuela, el saber labrar la tierra y lo que aprenden en familia es lo más importante para ellos y lo demas es secundario, se acompañan tambien de la madre y las hijas o hermanas de los hermanos que tambien ayudan a los trabajos domésticos los trabajos del campo cocinar los alimentos en los ritos comunitarios la iglesia o ceremoniales y tambien la madre y sus hijas toman parte de las decisiones que deba tomar el padre.

Se encuentra muy amenudo personas que por su tenacidad y esfuerzo en tratar de obtener lo que a su creterio le es necesario para mejorar su manera de vida, lo han puesto de manifiesto demostrando su capacidad en muchos casos, por ejemplo; En años anteriores y en uno de mis viajes de visita a mi familia en Guatemala, yo me encontré con algunos Indígenas provenientes de el Occidente del país y ellos habían podido entrar a los Estados Unidos, y habían estado allí trabajando de jardineros o limpiando las legumbres y frutas, y desde luego quizás se les había terminado el permiso, o los encontraron trabajando de contrabando y se fueron de regreso hacia su pueblo en Guatemala, pues hombre; Qué diferencia se veía en esta gente llevando hasta un sombrero Texano, hablando diferente y yo los veía muy entusiasmados haciendo planes para volver a viajar para hacer unos miles de dólares más, y desde luego tratar de vivir mejor ellos y su familia, *o sea que en nuestra tierra tambien contamos con gente de ilusiones y porqué no decirlo con mucha inteligencia, y para esto lo único que hay que hacer es tomarla en cuenta dándole la oportunidad de que ellos tengan las puertas abiertas en los centros de educacion que no solo se sentirán útiles a su tierra, sino que tambien aportarán mucho beneficio a una sociedad que cada día carece de gente capacitada que saque la cara ante el mundo por nuestra amada tierra.*

Hoy con mucha pena, me pongo a pensar y trato de retroceder hacia los años de mi juventud donde vi pasar tantas ilusiones, de mis compañeros de Bachillerato cuando nos sentábamos a proponernos ser cada uno de nosotros los mejores, aunque se decía que estábamos haciendo castillos en el aire pero tratábamos de hacerlo con una intuición muy realista, es icreible que varios de ellos que hablaban de viajar al extranjero a prepararse mejor y que con el tiempo lo lograron y están allí, otros que soñaban con salir adelante en nuestra tierra y lo lograron algunos de ellos que dejaron solamente una corona de laureles inmortales donde calleron abatidos por las injusticias de los poderosos, que Dios los tenga en su gloria, y otros que como yó, salimos mas lejos hacia la tierra que el creador nos señaló, y desde aquí siempre viendo de qué manera dimos un nombre a nuestra tierra que nos vió nacer hacemos lo que podemos, pero siempre estamos muy pendientes de los pasos de quienes la gobiernan, no para hacerles la guerra sino, para ver si podemos poner un granito de arena en la construcción de ese pedestal donde un día se podrá poner y exponer nuestra bella tierra del Quetzal.

Aunque siendo yo, una persona que salí de mi tierra no huyendo, sino por razones puramente necesitado de mejorar mi situación familiar, y que con un esfuerzo bastante grande debido a la diferencia de cultura y luego a pesar de haber yegado en el verano, no fue muy fácil la adaptación en el invierno donde jamás habia visto una temperatura bajar de cero centígrados, pienso que en este capítulo expongo muy bien lo que es nuestro origen y cultura lo cual no se puede negar porque lo llevamos en la sangre y es por eso que desearía tener la receta para darle bien el toque de sabor a esta inquietud mía de cuantas cosas necesitamos para mejorar y acelerar la prosperidad de nuestro país, para las ancias de mejorar que todos sentimos y pensamos hay como dicen, mucha tela que cortar, en el mes de Abril del año 2001, tuvimos la oportunidad de reunirnos con el mandatario de Guatemala, que fue una reunión cumbre de todos los mandatarios de Ispanoamérica, en la ciudad de Quebéc Canada, en esa oportunidad nos dió a conocer sus inquietudes de muchas mejoras en general que su gobierno tenía en mente, antes yo, mencionaba la importancia que se debe dar a las realizaciones en conjunto y las cuales pueden llevar a un buen camino, pues esta bien visto que una sola persona no es la responsable de que las cosas salgan mal o mal planificadas, es necesario la implicación de todo un buen equipo para la ejecución de las grandes y pequeñas obras.

Cuando un pueblo lucha por su desarrollo económico social y cultural, es necesario tomar en cuenta los pro y los contras que se pueden encontran en la ejecución de los determinados programas a desarrollarse dentro de una sociedad que aun no está preparada tanto técnica como intelectualmente, y es deber de los sabios o expertos en el asunto el ponerlos en marcha bajo una buena dirección, siendo así que los resultados positivos o negativos que se obtengan deberá ser el reflejo de la calidad del trabajo presentado en base a su preparación, seguimos pensando y afirmando porqué no decirlo, que toda empresa para el bien común que se piense desarrollar debe reflejar lo que se há absorbido desde el seno de una familia, pues es de allí donde parten los bastiones de una excelente sociedad culta y con principios que lleven a nuestro pueblo a destacarse como se há mencionado anteriormente a la vista de nuestros amigos del mundo.

Es muy importante el recuento de nuestros hechos llevados a cabo desde nuestro propio interior, pues toda persona debe estar consciente de tener una capacidad muy propia donde debe comenzar refleccionándose a sí mismo, para llegar a conocer su propia escala de valores individuales a los que como persona se debía conocer a cuenta exacta qué es verdaderamente lo que puede desarrollar y poner en práctica en cualquier momento vivido, y desde luego saberlo rectificar en el momento oportuno, volvamos de nuevo a nuestros orígenes donde aun nos quedan ricos sabores de aquella cultura, somos cenizas aun húmedas de aquella cultura la que transpiramos todos los días aunque lo querramos evitar, es dificil ignorar aquellas bellas maneras muy típicas de nuestros ancestros que siendo el origen de esta cultura, que a pesar de estar plasmada en miles de escritos sigue siendo el objeto de intensas búsquedas por los interesados en dar al mundo las más claras ideas de su origen, y por qué no gritarlo abiertamente y a los cuatro vientos siendo algo que nos hace dignos de pertenencia muy propia como desendientes de una civilazación que traspasa las cumbres de una sabia é inteligente, cultura la cual permanecerá siempre ocupando los primeros lugares de grandes culturas ancestrales de nuestro mundo.

Nuevamente quisiera insistir con la intención de hacer conciencia dentro de nuestra comunidad, há y como para comenzar diría que dentro de nuestra gente de Montreal, aunque me imagino que esto sucede tambien en la comunidad de los Estados Unidos que Guatemaltecos existen ya, casi en todos los países del mundo, pero me dirijo especialmente a los de Montreal, porque es aquí donde yo radico y por eso me consta de su comportamiento hacia nuestra, tierra del Quetzal, si dejamos un poco esa ignorancia de comportarnos como unos verdaderos objetos inservibles, cuando yegamos a visitar a la familia que hemos dejado en Guatemala y resultamos hablando el poco Francés o inglés, que se nos há pegado aquí, porque aun me doy el lujo de decir, que somos muy pocos los que aunque sea con sacrificio hemos podido entrar a la escuela o Universidad a estudiar un curso de Inglés, o Francés para yegar a escribirlo y hablarlo como debe ser en beneficio de nuestro trabajo, y la sociedad por lo tanto no es justo de yegar a nuestra tierra a darnos tales lujos tan denigrantes que da mucha pena ver que nuestros familiares que se queden sorprendidos sin saber qué contestar, pensando que venimos de un planeta muy diferente al de la tierra, cuando enfrente de ellos se habla a los hijos en otro macheteado idioma.

En donde están aquellos principios que nuestros padres tanto se desvelaron para inculcárlos en nosotros, y que tenían la esperanza de que un día se los pudiésemos transmitir a nuestros hijos, en qué basurero hemos botado tan bellas cosas que nos legaron nuestros progenitores, es una lástima que tales tesoros se ayan enterrado y que nunca sean utilizados en beneficio de la continuación de una bella cultura, año con año se vé deteriorada la esperanza de conservar estos valores que nos puedan identificar y con mucho orgullo decir, soy puro Guatemalteco.

Con mucha pena estuve viendo varias de las dificultades que en pleno Siglo XXI, afectan a la sociedad Guatemalteca, ya que en los meses anteriores viajé con mi esposa a nuestra tierra de origen y estuvimos observando todas las cosas que allí se han cambiado, pues recordábamos que en nuestro tiempo de escolares 1950 al 1964, aun teníamos pilotos de Autobuses que se distinguían por su educación con que recibian a sus pasajeros y con mucha cortesía los invitaban a subir a su tranporte y aun las personas de avanzada edad se ivan a sacar su dinero del pasaje estando ya sentados y venian a darlo al señor piloto, y a las damas se les esperaba que subieran bien hacia adentro del Autobus, o bajaran cuando se debian quedar en la parada y esos pilotos tenian mucha más amistad con damas y caballeros debido a su cortesía, hoy es muy duro decirlo que esas buenas costumbres y modales y muestras de educación, solamente son escombros que se han quedado enterrados debajo de tanta basura que conduce esas dichosas máquinas que ya no son un servicio al público, sino una amenasa que a diario se tiene que someter nuestra gente, porque la cortesía pasada se há convertido en el decir de unos ayudantes sin escrúpulos de muy poca educación, cuando le dicen al pasajero suba rápido pilas, pilas que no tenemos tiempo pues ellos siempre van peleando el pasaje, no importando si las personas son ya mayores como nos há tocado presenciar recientemente, en nuestra reciente visita a Guatemala hemos observado mucho más de lo que habíamos hecho en muchos años atras, la falta de diciplina o aducación como querramos llamar a dichas actitudes que tiene el pasajero como el piloto, porque habiendo unos lugares especiales que en todas partes del mundo se les llama (parada de Autobuses), el pasajero caminando con rumbo a su trabajo pasa una de esas paradas viendo que el Autobus no viene sigue camindo unos cuantos metros cuando viene el transporte le hacen la parada donde vayan pues el piloto tambien ha perdido su diciplina o educación y les para, dando asi margen a un descontrol terible pues ellos con su afan de hacer mas pasaje no les importa los reglamentos de tránsito que existen o los ignoran porque la Policía siplemente toca su pito pero sin ser escuchado por nadie, para donde quieren el pasajero hace la parada donde se le da la gana y eso se convierte en un solo descontrol de tránsito, ese mentado departamento de Tránsito que dice que funciona en Guatemala, yo lo hé visto actuar solamente cuando sorprenden algun conductor con un poco de alta velocidad, y en eso que solo para ver que sacan.

Señores encargados de las leyes de tránsito dónde esta esa autoridad y seriedad, hasta cuando ustedes piensan mantener a esa poblacion viviendo dentro de tanto peligro, que en las propias narices de la Policía pasan la mayor parte de Autobuses dejando pasaje a media calle, vamos señores eso es un atentado en contra de la vida en lo que sí se podía ocupar un poco los famosos Derechos Humanos que últimamente solo se encargan de proteger a cuanto maleante comete crímenes y colaborar con las autoridades a dejarlos libres é impunes, es cierto que Guatemala no es un país que cuente con la educación necesaria para vivir en una Democracia porque a la vista del mundo se ha visto que se actúa equivocadamente casi siepre, yó sin ser un político pienso que a un pueblo se le debe ayudar a sobrevivir y desarrollarse dándole la oportunidad de vivir en paz, pero dándole la comida con la mano izquierda y siempre mantener en la mano derecha algo con qué reprenderlo en caso de desovediencia, y enseñarlo a tener diciplina para respetar y ser respetado, y eso cómo, haciendo que las leyes se cumplan.

Al principio de este documento, hé tratado de recalcar un poco las raíces de muchos de los males que corrompen nuestra sociedad, mencionando aquella frase de que lo que se siembra se cosecha, porque es en el seno de la familia donde se comienzan a fundar los provechosos, o destructivos frutos de las vases que los padres inculcan a sus hijos, teniendo en cuenta de que esos jóvenes son la esperanza del futuro, es de allí de donde vienen las muy malas administraciones a nivel Nacional que últimamente hemos tenido, y que segun parece continuará por mucho tiempo sino se comienza a implantar un plan educativo con miras a mejorar las masas sociales que ya se encuentra completamente mezcladas, pero eso sí, nuestra raza viene de una sociedad de inteligencia y es algo que si se puede transformar en beneficio de un verdadero cambio intelectual, és que el sistema Democrático en Guatemala se há preocupado en dar un poco de ayuda a todos aquellos niños que desean estudiar pero que tambien tienen un compromiso familiar que cumplir debido a que son hijos de solo madre, o sea madres solteras y que por lo tanto deben llevar algun sustento a sus hermanitos y es lo que les impide dedicarse completamente a asistir a la escuela, pues en todos los sistemas Democráticos que se conocen es lo primero que los gobernantes implantan, verdaderos programas de alfabetización programando horarios convenientes a toda clase de necesidad que los jóvenes atraviesan, y dando asi una oportunidad a desarrollarse intelectualmente.

Se vé que en la bella tierra del Quetzal, aun existen las tradicionales ideas de campesinos que sus hijos no se deben preparar intelectualmente porque luego los dejan, se dedican a su trabajo profesionalmente y los padres se quedan solos, pero a donde puede llegar un país con esa mentalidad sabiendo que el progreso está fundado en la preparación de cada individuo, y que es la vase del desarrollo de un pueblo.,

CAPÍTULO V

[Esperanza de superación]

Si siempre pudiesemos recordar las frases escritas por nuestros grandes pensadores, como el gran Miguel Angel Asturias, con sus bellos adornos que durante toda su vida quiso plasmar en sus escritos dando a la tierra Maya, un sabor inigualable, una tranpariencia sublime donde no solo se pudo ver y saborear las grandezas de sus paisajes con el cantar de los Jilgueros y Sensontles, el rugir de los Arrolluelos cayendo en sus quebradas cristalinas donde despues de haberse deslizado hacia abajo volvian en una condensación roseando de nuevo los bosques y asi conservar la envidiable belleza de sus valles, los que aun no teníamos la dicha de conocer y depaso caminar por esos senderos que nos hacían soñar dichas historias, solamente imaginábamos un paraíso, y los que tuvimos la gran suerte de conocerlos nos sentimos muy orgullosos de pertenecer a esa bendita tierra, algo inolvidable que siempre se lleva dentro de nuestro ser como el olor de la tierra mojada despues de una fuerte lluvia al final del verano, el poder ver una semilla germinar despues de haber sido enterrada siendo que cada sembrador lo hace con la esperanza de comvertir esa semilla en una bella planta que dé mucho fruto, es de alli que nacen los verdaderos productores agrícolas en cuyas manos está la esperanza del desarrollo de un país, como tambien de esa manera pueden surgir aquellos intelectuales que aun viniendo del campo con el firme propósito de asistir a una escuela y que llevan desde allí la idea de convertirse (ejemplo) en un famoso Perito Agrónomo, y de esa manera colaborar en el desarrollo de su comunidad poniendo en práctica sus conocimientos adquiridos en sus estudios, o porqué no ver la oportunidad de ver a un gran Veterinario que pueda desarrollar nuevas técnicas de crecimiento y engorde de toda clase de Ganado, es aqui donde el papel de un buen padre de familia se convierte en el primer maestro de sus hijos apoyándolos incodicionalmente, sentirse todo el tiempo muy orgusos de su origen porque para una superación completa, es necesario dejar caer una a una todas esas escamitas de lodo que llevamos encima y que pensamos que por esas circunstancia no podemos llegar a hacer cosas muy grandes, o tambien existe el otro lado de la moneda, cuando se piensa de que como somos de una alcurnia diferente que los demás, es muy dificil mesclarnos con la chusma porque no somos de la misma altura ellos que hagan sus cosas como puedan, pero yo, haré las cosas mucho más superiores por que soy más inteligente hé estudiado en un colegio y asistido a la Universidady soy superior, en mi parecer muy personal siempre hé pensado que una persona cuanto más estudios tiene mucho más humilde debe ser, y sobre todo saber aceptar a todos los individuos sin importar su condición social.

La persona que desea alcanzar un nivel cultural é intelectual elevado debe para comenzar, procurar mostrarse el más pequeño ante los demas para poder un día ser el más grande, por sus obras, sus actitudes y sobre todo por su servicio hacia el próximo, y no todo nace de la noche a la mañana siempre existe un proceso muchas veces lento pero seguro, jamás se deben hacer las cosas a la carrera es necesario darle tiempo al tiempo y que las cosas lleguen cuando tienen que llegar, con esto no digo que no se tome el debido interés por lo que se está emprendiendo, al contrario es muy importante en la vida tener esa ambisión de obtener lo que se desea pero con paso firme y decisivo, nunca las cosas o empresas se desarrollan teniendo una actitud negativa es muy importante ser siempre positivo, y pensar siempre en el triunfo, y esa es la mejor manera de que un individuo encuentre la superación y nunca se debe pensar en que si me irá bien, a lo mejor puedo fracasar, esas cosas negativas no dejan al ser humano desarrollarse y lograr el éxito en lo que se proponen, el saber escuchar siempre consejos de personas mayores que por su trayectoria en la vida han adquirido mucha experiencia, y estan tratando de compartirla con nosotros incondicionalmente.

El Latino-Americano, es una persona mezquina que no le gusta recibir opiniones de nadie, no le gusta escuchar a la gente mayor, y algo peor no le gusta compartir con nadie sus triunfos y mucho menos sus fracasos puede ser que esto sea parte de su orgullo, muchas veces mal fundado y esto se lleva el porcentaje más alto la gente de Guatemala a la cual pertenezco, y es por lo que me atrevo decirlo porque ya anteriormente hé mencionado algunas de nuestras costumbres, y pueda que sea la causa del estancamiento económico-social de la América Latina en general, la superación en si se consigue con vases de unidad y hermandad sinceras donde se puedan unir lazos de fraternidad en diferentes clases sociales, en mi último viaje que emprendí a mi país estuve observando varios de los actuales cambios que se han llegado a lograr, y los cuales aunque sea con un capital extranjero que esten funcionando, estan colaborando a darle un cambio radical a su imagen dando asi una muestra de lo que se puede hacer por medio del diálogo y el compartir de ideas socio-económicas y que son las que contribuyen a la superación general de un pueblo, y es por eso que vuelvo a insistir en la falta que hace una buena organización en todo sentido, porque otra cosa muy importante que esta sucediendo en Guatemala es la idea de estar llevando los programos educativos a todos los rincones del país, como lo son los programas a nivel Universitario extendidos por todo el territorio Nacional, y es de esa manera como se les debe prestar atención a las necidades de los jóvenes con ilusión de prepararse profesionalmente (Bravo,,,) pero tratemos de proporcionar esas ayudas con las dos manos, porque actualmente se da algo con una mano y se quita con la otra.

El trabajo que actualmente está haciendo la Universidad de San Carlos deGuatemala, es un gran ejemplo a seguir por los otros centros educativos del país, ya que ésta es una buena oportunidad hacia los jóvenes de distintas condiciones sociales que se involucran cada día más en su preparación personal, ya aquello de antes de decir que el sueño de hacer una carrera Universitaria estaba muy lejos de alcanzar esto hoy está al alcance de la mano de toda parsona decidida a prepararse, todas la carreras son excelentes aparte de las carreras más populares, estan tambien muchas otras como por ejemplo una que casi nadie toma en cuenta ya que casi no han exsistido oportunidades de trabajo en ese ramo y es la de Turismo Internacional, que sería pensando en dar nuevas oportunidades a personas capacitadas en esa area, Transporte y Hotelería, y hablando de esta rama de Turismo, el día 22 de Mayo de este año 2005, hé tenido la oportunidad de leer en Nuestro Diario un Cotidiano Guatemalteco una muy buena noticia y reportage donde se dió a conocer un lugar plenamente Turístico en el area de Quetzaltenango, donde se destacaba un paisaje muy bello en la cima de un Volcan que está ubicado a 19 kilómetros de la ciudad de Quetzaltenango, yo invito a los señores Gobernantes a enfocar esas hermosas areas Turísticas de suma importacia para la economía del país dando asi una nueva imagen renovadora de lo que es nuestra hermosa tierra por sus importantes paisajes y coloridos naturales los que muy bien pueden enamorar a quienes deseen visitarlos, es necesario tratar ya de adornar esos Fusiles, Ametralladoras y Granadas que asesinan, y cambiar eso por bellos paisajes Balnearios, Riachuelos y Parques de entretenimiento y compartir sanos, como hé mencionado muy bien antes es necesario dejar de hacer de Arqueólogos y Antropólogos que vivimos solamente desenterrando todas aquellas cosas viejas que nos han hecho tanto mal y darramado tanto llanto y desolación, no quiero dejar por un lado todas aquellas organizaciones que de alguna manera han demostrado a mi tierra querida el deseo de que sea una patria libre y dasarrollada social y culturalmente, porque lo han hecho de manera desinteresada demostrando asi los lasos de amistad y fraternidad que nos unen es asi como nos demuestran que no estamos solos.

Es muy importante reconocer que Guatemala há sido un país que se desarrolla un poco mas a cada vez que tiene épocas de crisis, como tambien todos los pueblos del mundo que a través de caídas y levantones han ido forjando su destino, hay cosas muy importantes que se deben tomar en cuenta con seriedad y las que considero que son elementales para el desarrollo en Guatemala, (primero) Organización Educativa General, (segundo) Desentralización, en las grandes ciudades como se diría hacer una verdadera Desentoxicación, en el ámbito social para que el país pueda volver a respirar ampliamente con sus Pulmones llenos de oxígeno que tanta falta le hace y depaso tambien sus Cerebros estarían dispuestos a aportar ideas más sanas y concretas sobre lo que el país necesita para su derrollo, me quiero dirijir un poco a todos esos jóvenes de Guatemala, recuerda que aunque tú, seas un muchacho que lustra los zapatos, vales mucho vengas de donde vengas eres alguien muy importante para la sociedad Guatemalteca, aprende a escuchar los consejos de los más afortunados en su vida y ponlos en práctica, tu eres alguien como persona, tú joven que a pesar de tus miserias en tu diario vivir llevas el alma y pensamiento las ancias de superación y te conformas con soñar muchos castillos, no pierdas la esperanza y sigue siempre adelante que tu esfuerzo un día será premiado, tú, joven Universitario que llevas en tu frente la insignia del Alma-Mater, con la esperanza de triunfar y lograr que tus sueños se conviertan en una bella realidad por favor no menosprecies a tu compatriota umilde que trata de superarse, al contrario trata de tenderle una mano y así un día llegarás a saborear junto con ellos el fruto del saber compartido, y todos de la mano gritar; Guatemala tu nombre inmortal, y qué decir de tus sucesos ante el mundo que siempre nos vé y nos escucha, que nuestra raza y cultura sabe salir adelante sea como sea porque asi como há aprendido a caerse tambien ha sabido levantarse de donde quiera que se encuentre, y eso gracias a ciudadanos como tú que luchan a brazo partido por obtener siempre una máxima superación intelectual., Tambien tú, mujer Guatemalteca que con tu esfuerso te superas cada día, gracias por tu tenacidad y esfuerzo porque eres un cimiento desde el nucleo familiar y ya cuando te conviertes en una luchadora de la vida, una madre o una profesional, no bajas la frente ante las circunstacias que a diario nos ofrece la vida, te conviertes tambien en uno de los pilares mas fuertes donde se apoya el peso de nuestra sociedad, (Bravo), digo gracias porque me siento parte de ese pedacito de tierra Chapina que llevo dentro de mi alma, yo deseo que un día los sueños de grandes ciudadanos que han soñado en convertir su tierra en un Paraíso Universal, se conviertan en una hermosa realidad, y que nuestros amigos del mundo se sientan maravillados al visitar las bellezas que Guatemala ofrece a sus visitantes, su música, su folklor, su cultura, sus paisajes y porqué no decirlo tambien sus bellas mujeres que son únicas en su género, sus leyendas históricas, sierras y majestuosos Volcanes rodeados de azules lagos y tambien ríos manzos y caudalosos..

Es necesario que nunca se nos ocurra olvidarnos como ya lo hemos hecho como Guatemaltecos de nuestras riquezas naturales que serán las únicas que prevalecerán intactas porque son inmortales de verdad, son tan únicas que las hay hasta en la cúspide de sus Volcanes donde se ven aquellas lagunas que más parecen espejos que reflejan el cielo desde sus alturas desde 1.500, hasta los 3.500 metros sobre el nivel del mar y eso, no se vé por todo el mundo porque en la tierra del Quetzal es único, donde el creador fijó sus ojos y tambien apuntó con su índice como diciendo esto lo haré un paraíso, y de esa manera nos lo há regalado para que los que allí vivamos lo cuidemos como un tesoro muy valioso, en el Departamento de Huehuetenango y municipio de Santa Cruz Barillas que actualmente se llama Villa de Santa Cruz Barillas debido a su crecimiento demográfico y ocupando el segundo lugar en tamaño después de la cabecera departamental, existe un caudaloso Río de nombre

San Ramón el que nace al pié de una montaña, y dicho lugar le llaman Ojo de Agua y es uno de los caudales que uniéndose a otros Ríos mas adelante forman el famoso Rio Usumacinta que sirve de frontera entre México y Guatemala, pues este Río San Ramón brota de la madre naturaleza siendo unas aguas cristalinas sin ninguna seña o muestra de contaminación, debido a su gran afluencia de agua más que potable se podía muy bien convertir en una fuente de ingresos quizas hasta se podía envasar dicha riqueza natural, yo deseo de todo corazón tener la oportunidad de poder visitar cientos de lugares que aun me falta por visitar, a pesar de que como ya expuse antes soy una persona que no salí de mi país sin antes conocer todos los Departamentos de la República de Guatemala por lo que me siento dichoso de poder hacerlo antes, pero lo que realmente existe dentro de cada region es dificil pero no imposible de conocer lo que tengo en la mente hacer próximanente, es tratar de visitar lo que aun no hé podido hacer hasta hoy y que dan origen a estas lineas que trato de plasmar en ellas alguna parte de nuestras riquezas que nos legaron nuestros antepasados, mi objetivo es hacer conciencia públicamente de aquellas cosas que a traves de los tiempos han quedado enterradas dentro de los escombros de una sociedad que pertenece al pasado; pero que forman parte de los cimientos inmortales de una cultura que lejos de extinguirse, toma vida y fuerza para mostrar al mundo entero lo que fué y será siempre el orgullo de los Guatemaltecos de corazón.

Hay algo que no hé podido comprender en el caso de un programa llamado; Ruta Quetzal, como es posible que de un grupo de personas que no son todos de origen Guatemalteco, surja un programa que a estas alturas se há convertido en algo Internacional y sin ningun provecho para los Guatemaltecos, si en esto yo estoy equivocado, pido mil disculpas, pero es imposible sentirse bien cuando vemos dichos programas en la Televisión mostrando las maravillas que existen allí, con nombres Mexicanos, pero es que no se dan cuenta de que esa es la manera de apropiarse de un territorio completo, vamos compartamos pero debemos identificarnos por lo que somos y nos pertenece, ya es hora de evitar que personas ajenas a nuestra nacionalidad nos sigan desplumando de Norta a Sur y de Este a Oeste, porque hay tratados que favorecen a nuestros Gobernantes; pero no al país en general y eso no hay nadie que pueda negarlo porque es tan claro como el agua, es muy agradable ver por Televisión esos trocitos de la tierra Maya y que el mundo se deleite viendo los paisajes maravillosos que allí se presentan, pero sería muy importante saber si estos programas estan hechos para el beneficio de el país, cosa que no sería imposible ya que como hé mencionado antes; nuestros paises amigos siempre nos han dado una mano para incrementar más el desarrollo de la tierra del Quetzal.

Es imposible formar una sociedad fuerte cuando cada uno hala (jala) por su lado, porque con eso lo que más fácil se consigue es terminar de descuartizar un cuerpo que pudo ser el nucleo de una sociedad fuerte y capaz de salir adelante en cualesquiera circunstancia que se presentase, nuestros antepasados tenian una certeza y coraje de saber conservar lo que ellos sabian que les pertenecía, y lo hacían de manera muy convincente aunque no lo hacían teóricamente, porque no tenían los medios científicos que hoy existen, ellos sabian que si algo a la vista de los demas se hacía se tenía que respetar, y lo hacían con las cosas más sencillas como por ejemplo; un terreno ellos lo marcaban y no dejaban las marcas para siempre sino que allí en los límites sembraban arboles y no eran cualquier clase debían ser arboles que con el tiempo se convirtieran en fuertes matas con grandes raíces y que nadie podría moverlas porque eso significaba un gran compromiso de propiedad lo cual quedaba sellado a traves de los tiempos.

Con estos ejemplos se debía continuar porque el ser humano pienso que tendría que ser alguien que dejara su señal por cualquier parte donde pasara, y convertirse en el dueño de lo que le pertenece dentro de la creación desde luego con sus limitaciones bien marcadas, para aprender a respetar y ser respetado dentro de una sociedad que hoy en día poco vale el respeto al derecho ajeno, se debería ser bien celoso dentro de lo que cabe es decir siguiendo esos ejemplos maravillosos de nuestros antepasados los cuales hoy en día siguen dándonos ejemplos de la protección y celo que tenían y siguen teniendo de todo aquello que les pertenece como un don de Dios, veámos como esta gente aún sigue haciendo y conservando sus ritos y costumbres hasta en la cima de los Volcanes como lo es en la cima del Volcan Chicabal en Quetzaltenango, nadie puede ocultar el origen de esos ritos los cuales se vienen celebrando desde hace ya varios siglos, esos son exactamente los escombros a los cuales deseo en este escrito referirme porque deberíamos llamarlos Santos, verdaderamente tenemos lugares, paisajes y tantas bellas reliquias que jamás deberían desaparecer y al contrario; darles apoyo para que estas celebraciones sigan celebrándose incluso con mayor solemnidad, y desde luego no descuidar muchos otros lugares que estan por extinguirse debido a la poca importancia que las autoridades dan a estas cosas que son un verdadero patrimonio Nacional, la tierra del Quetzal se podía muy bien comparar con un Gran Pastel en proceso de crecimiento, que cuando comiensa a hacer su trabajo la levadura se vá llenando de burbujas se forman pequeños cráteres y en cantidad de treinta y dos que son el total de Volcanes que nuestra tierra lleva en sus entrañas,.se convierte en algo digno de mostrar al mundo entero que completando su belleza con sus Lagos, Valles y Montañas, dan la impresión de un verdadero Paraíso.

Tierra bella, pedacito de ensueño como quisiera poder haber sido uno de tus tantos Poetas y poder escribirte solamente versos de amor, y esta parte de escrito yo la saqué de muy dentro de mi corazón que es donde te hé llevado siempre y tengo la esperanza de morir amándote, y me llevaré la firme convicción de verte un día salir al frente de todo lo bello y brillar como una estrella para convertirte en la Reina y soberana India Maya, cuando los hijos de esta tierra sentimos que la llevamos muy dentro de nuestro ser, pienso que debemos de exteriorizar aquello que nos inquieta y que quizás pueda colaborar un poquito en su desarrollo, hoy que contamos con tantos medios de divulgación y comunicación creo que no es correcto dejar en el olvido todo lo que la naturaleza nos há regalado, la simplicidad con la que se puede hacer y decir las cosas que tenemos y las cuales las vemos por todas partes, en tiempos remotos los caciques y jefes de tríbus se identificaban colocándose distintivos de plumas muy bien elaborados, los que lograban de manera muy natural es lamentable no poder saber a ciencia cierta de qué manera lograban estas plumas, si lo hacían cazando y matando dichas aves como lo son las Guacamayas, Loros y otros, pero el caso es que a estas alturas no crea que en Guatemala se pueda encontrar muy facilmente una sola de estas aves muy preciosas, porque lo cierto es que los cazadores de toda clase de especies como menciono no lo han hecho con el simple objeto de adornarse o deborarlas, lo lamentable es que lo hacen para ajenciarse de dinero y esto a nivel comercial, exportándolos hacia el extranjero de donde adquieren buenas cantidades..

Estos son los hechos delictivos más comunes que han existido y los que de alguna forma debería controlarse y nunca permitir que cuanta especie en vía de extinción sea aprovechada por ciudadanos sin escrúpulos para hacerse millonarios, porque tambien existen personas extranjeras que operan bajo el amparo de maliados Guatemaltecos a los que les han calentado tambien la mano para convertirse en malos hijos de la patria que a travéz de ellos operan para hacer esta clase de negocios, esto há ocurrido especialmente en el area del Norte del país donde han encontrado dicha riqueza, esto en tiempos pasados se convertía en un agradable espetáculo para las personas amantes de las bellezas naturales, y los estudiantes de escuelas rurales se conformaban con imitar los cantos de dichas aves tan singulares, estas resonaban por los cerros como imitándose unos a otros y perdiéndose al mismo tiempo en la profundidad de las montañas, y es esto lo que hace sentirse a una tierra como desplumada y despojada de su vestidura de la que há sido dotada y que bien le pertenece y jamás debía perderse sabiendo que es una identificación muy propia, y qué decir del famoso Tigre de Bengala que un día existió que yo soy testigo de que sí lo hubo en la parte Noroeste del país, los que si bien se devoraban el ganado pienso que tambien debía existir una forma de conservar dicha especie y no tratar de exterminarla porque actualmente solo existen en fotografías, lo mismo pasa con los Simios o Monos de toda cluse que fuimos muy dichosos de haberlos tenido en esta tierra y los que han casi desaparecido por completo debido a que nadie se preocupa de hacer una campaña de conservación para lograr estos objetivos, señores de la administración me disculpan de todas estas observaciones que aquí hago, pero yo estoy fuera de mi país por causas muy ajenas a mi buena voluntad y es asi como desde afuera de mi tierra siento el anhelo de contribuir un poco con el desarrollo de esta tierra y al mismo tiempo la conservación de sus riquezas naturales las que nos pertenecen a todos en general, y que yo desearía que todo ser humano compartiese porque son tan grandes que a todos y cada uno de nosotros nos tocaría un buen trozo de este delicioso manjar, y qué mejor que nuestros hijos sean los previligiados de poder gozar y compartir todas las maravillas de esta tierra que lo tiene todo y siendo la envidia de todos los que nos visitan, por tener tantos lugares pintorescos que ya casi estan extinguidos en otros lugares, aún recuerdo en mi juventud cuando trabajé como profesor de comercio y tuvimos la oportunidad de organizar un paseo hacia la ciudad de Flores Peten, y desde luego con la idea de visitar las Ruinas de Tikal; tuvimos la dicha de tener dentro del Plantel Estudiantil una de las Señoritas estudiante de Secretariado Bilingue hija de un Coronel, Jefe de la fuerza Aerea de Guatemala, ella se enamoró a su padre para que nos proporcionara un Avion para la Excursión lo que consigió y no solo eso sino tambien equipado hasta con su Piloto, y nos fuimos hacia Peten llegando a las nueve de la mañana habiendo salido de la Capital a las siete y veinte minutos y cuando aterrizamos casi dentro de la Jungla comenzamos a admirar las bellezas de las Ruinas, el canto de las aves que alli existen y luego nos organizamos en grupos pues como íbamos cuarenta señoritas estudiantes, y ocho Profesores se organizaron dos de nosotros con diez alumnas; y fijamos la hora de reunirnos en la Plaza Mayor de Tikal, comenzamos a caminar dentro de la Jungla muy emocionados todos haciendo chistes, caminábamos hacia dentro de la Jungla y tuve la idea por inercia de llevar una piedra que a mi me habia parecido muy oroginal por sus partes brillantes, y llevándola en la mano de vez en cuando con dicha piedra raspaba la corteza de los árboles que yo sabia que eran de Chicle o sea (Chico Zapote), solo por la leche que de allí salia y por fin se llegó la hora de regresar, pero el problema principal que nadie se recordaba por donde nos habíamos internado en la Jungla, pues aquello estaba lleno de árboles inmensos como los de Chicle, habian de Naranja y las muchachas recojían toda clase de frutas que encontraban llenando con ellas sus bolsas y derepente a mi se me ocurrió ver los árboles que habia raspado con la piedra y fuimos comenzando a salir, porque habiamos dado vueltas y mas vueltas en el mismo lugar sin darnos cuenta, y con esa señal logramos salir hacia la Plaza y el Capitán del vuelo ya estaba un poco molesto porque lo habíamos atrasado.

En fin que nos reunimos todos porque ya solo nos estában esperando a nuestro grupo, comenzamos a subir a la Nave y a colocarnos en nuestros asientos, pues dicha Nave por ser Militar contaba solamente con asientos de una fila en cada lado, habian pasado ya unas seis horas desde nuestra yegada como a las cuatro de la tarde y estando todos dentro comenzó el vuelo, el Piloto tenía problema para hacer que el Avion subiera y tubo que entrar a revisar a todos, para verificar el problema pero lo que encontró fue las bolsas llenas de frutas al rededor de cuarenta y luego ordenó que todo el mundo saliera a dejar por lo menos la mitad de las frutas que llevaba, pues era el exceso de peso el que no dejaba suvir dicha Nave, y haciendo lo que él habia dicho ya emprendimos hacia la Capital, pero estas son las cosas que a nosotros nos dejan marcados para siempre, y que allí en esa Jungla es donde estan los escombros precisamente no míos, pero de toda esa civilización que poco a poco a comenzado a desaparecer sin que nos demos cuenta, donde nuestros ancestros dejaron sus rasgos bien marcados con su manera de pensar y planificar sus majestuosos Templos rituales donde ellos se imaginaban que estando mucho más alto, mas cerca se encontraban de su Creador que les habia dado todo aquello, y que tambien sabian que la era moderna trataría de arrebatarles con el tiempo.

A raíz de tantas experiencias que se pueden vivir dentro de algo tan majestuoso como son las junglas Peteneras, se va creando dentro de nosotros mismos que hemos tenido la suerte de llegar a conocer esos lugares verdaderamente pintorescos de la tierra Maya, se nos ocurre tambien la idea de cual sería la real imagen que se mostraría al mundo si se tratase de convertir esos lugares en verdaderos parques Nacionales los cuales serían exclusivamente para el Turismo, ya que cuenta primero; con una jungla muy singular lagunas por todos lados ademas de contar con sus ruinas arqueológicos me imagino que aquello sería algo fantástico a la vista de los visitantes, ademas daría una gran oportunidad a toda esa gente que habita tanto sus rededores como a los que se encuentran en la orilla de la ruta que conduce hacia el lugar, pues tendrían la oportunidad de ofrecer al visitante tanto alojamiento como víveres, frutas y bevidas frerscas recien recojidas de sus fértiles tierras y la extraordinaria calidad, las personas que han vivido en esa región y las que han emigrado con el tiempo se han convertido en los propietarios de un paraíso incomparable viviendo en el pulmón de Centro América.

CAPÍTULO VI

[Visión]

Esto es simplemente una de mis inquietudes que como Guatemalteco siento y lo llevo muy dentro de mi ser, y lo cual he querido compartir tanto con mis paisanos, como tambien con nuestros amigos Latino-Americanos y porque no decirlo, tambien Europeos y de otras partes del mundo porque siento que es de esta manera como se debe promulgar el desarrollo de nuestra tierra, llevando siempre esa consigna de siempre adelante cueste lo que cueste lo que nosotros emprendemos en beneficio de nuestra Sociedad, hay muchas cosas que aunque se vean pequeñas a distasias pueden ser brochasos de pintura que damos a un cuadro donde hemos plasmado lo que sentimos deseamos y anhelamos desde lo mas profundo de nuestro corazón, los que nos hacemos llamar hijos predilectos y tambien

Chapines de la tierra Maya que nos vió nacer y ademas llevamos en nuestro ser, la marca del sufrir pensar y sentir de toda nuestra raza, en esta oportunidad me disculpo si este escrito no lleva en su contexto el tinte Novelesco de un Miguel Angel Asturias y otros grandes de la Poesía Guatemalteca, pero pienso que ya habrá tiempo para hacerlo y simplemente lleva el objetivo de poner en práctica algunas de las frases de empuje hacia la opinión Pública, y ver si esto contribuye a que las autoridades de turno logren darse cuenta lo que se podría obtener en feneficio de un país que nesecita desarrollarse cada día más y más, se ha visto que lo que más abunda en Guatemala son empresas y Construcciones con ideas extranjeras, qué pasó con esa inteligencia que se dice tener el Guatemalteco, aprendamos a copear pero hagámoslo con lo que tenga beneficio general para el bienestar de todos, ya anteriormente mencionaba el ejemplo que nos dan algunos de nuestros compatriotas que radican en el exterior de Guatemala, qué hacen ellos fuera teniendo tremendas profesiones, Ingenieros, Arquitectos, Médicos y grandes Fisico-Químicos, en Guatemala no existe hasta estos tiempos un Gobierno que le preste el apoyo a esas personas y si lo hacen, es con miras a explotarlos en grandes proyectos en los que se habla de millones y millones de Quetzales, porque jamás se han puesto a pensar cuantos años y noches de desvelos se han pasado para obtener un Título, porque en Guatemala existe un nivel Académico excelente y que nuestros profesionales no son unos simples Especialistas en una sola rama, son verdaderos artistas en la materia y uno de nuestros Arquitectos por ejemplo; nos hace un edificio con sus faces Estructural, Hidráulico y Eléctrico completamente terminado y ademas codeándose con las Estructuras más Modernas del momento pues lo han demostrado en muchas obras a la vista por ejemplo en la Ciudad de Boston, donde Arquitectos Guatemaltecos han construido los mas famosos Puentes Colgantes.

Esto es simplemente para remarcar algunos de los casos que sabemos, pero así existen muchos otros que se han distinguido por su capacidad intelectual, yo me quiero unir a todas esas personas que de cualquier manera tratan de salir adelante cada día aunque sea con mucho sacrificio pero que tienen la mirada siempre hacia adelante y se fijan una meta la que si no la alcanzan hoy lo harán mañana, pero allí van con la frente en alto y la ilusión de lo que sea la realización de sus más altos anhelos de superación, hombres que desde temprana hora comienzan desafiando el tiempo que a pezar de correr tanto muchas veces para alcazar un autobus que los llevará a sus trabajos, llevan la idea de que quizás mañana sea mejor que hoy y despues de un caluroso día de trabajo por la noche vuelven a su casa por la misma ruta que han tomado en la mañana, a reunirse con la familia que han dejado en casa siempre con la esperanza de un mañana mejor.

Y en el campo el jornalero esperando que su patrón se presente y le diga, mira hemos tenido muy buena cosecha gracias a las lluvias normales y sobre todo tu trabajo y esfuerzo, tu tendras de hoy en adelante un mejor salario y por lo tanto llevarás una mejor vida, y en esa espera se pasa el resto de sus días esperando un futuro mejor el que a veces nunca yega, y simplemente se debe escuchar el llamado de los que estan enterados de las situaciones y acudir a sus invitaciones cuando se trata de apoyar una causa y de esa manera muchas veces se consigue lo que se desea, es necesario recordar esas sabias frases de que; La Unión, hace la fuerza.

Hago una invitación muy especial a los jóvenes de nuestra época, y los reto a involucrarse con toda su energía y capacidad en la continuación de la construcción de nuestro mundo en algo digno de verse de cualquier ángulo que se vea, y se pueda decir; esta es la obra de Dios, pero tambien hemos contribuído un poco con nuestro ejemplo y comportamiento a que la confianza vuelva a sentirse en todas las sonrrisas y gestos de la humanidad en ellos confiamos los que estamos casi al final de este mundo, con la esperanza de que nuestro testimonio sea una luz en el camino de ustedes, hago una vez más el comentario anterior, los jóvenes son la esperanza del futuro, y por qué no decirlo los pilares de una sociedad que se debe rescatar de una catástrofe universal donde se están perdiendo los valores morales y respeto hacia los demás..

Recordemos un poco y veamos, pienso de que aun sigue siendo lo mismo que viví en mi juventud, o puede ser de alguna manera diferente respecto a al apoyo que tratábamos de dar a nuestros dirigentes, ya sea políticos o administrativos cuando se trataba de imponer o proponer una nueva ley o decición gubernamental o sea; savíamos que aportaria alguna ventaja que gracias a nuestro apoyo eso se podria convertir en; tortura, asesinato o desaparición de nuestros colegas estudiantiles, fieles a una causa, y se convirtieran en mártires de la libertad y justicia en Guatemala, no trato de que a estas alturas se quiera volver hacia atrás con la misma ideología, pero con una buena preparación intelectual disiplinada é inteligente, se lograse poner unos nuevos pilares que puedan sostener en sus muros el peso que por cierto es bastante grande de la necesidad que hay en todas partes de nuestra patria que vuelva a reinar la unidad y la concordia dentro un pueblo que si lo vemos caminar frente a nosotros, lo veremos como un hombre que lleva un zapato de un color y el otro diferente, y con la suela carcomida tanto que casi ya se salen los dedos y tocan el suelo, con un pantalón que lleva en las rodillas grandes roturas y las bolsas desgarradas, y aun en la cintura no usa ya el acostumbrado cinturón de cuero que un día pudo usar, sino que en su lugar lleva simplemente un cordon con varios nudos, su camisa ya no se sabe si algun día fué porque mas parece una guayabera debido a el desgaste que se nota en su cuello, en sus mangas lleva roturas en forma redonda en los codos se nota las incontables veces que se ha detenido a pensar y meditar su pesadilla, ya le queda solamente el primer boton que le sirve para cerrarla un poco cuando siente frío, y desde luego en el pecho lleva grandes manchas de púrpura que ya se han vuelto negras que fueron el testigo de tanta sangre derramada por sus inocentes hijos, que murieron en pro de una vida más justa, en sus ojos se nota que no le quedan mas lágrimas pues con ellas trata de borrar las manchas que le parecen injustas, en su cabeza sus cabellos tupidos como los de una raza Maya, comienzan a convertirse en canas de seda blanca las cuales son el testimonio de tanto sufrimiento.

Es bueno ponernos un poco a meditar sobre esta imagen que trato de plasmar en este documento y ver por donde podemos comenzar a limpiar, lavar, remendar o quizás cambiar definitivamente esta imagen que sigue soportando nuestro pueblo y colaborar en algo para que un día se pueda distinguir dentro de los pueblos del mundo, pero para eso lo primero es interesarnos y educarnos dentro de una sociedad que siempre nos exije estar al día en la tecnología moderna, sin embargo la tenacidad conque se intenten lograr los objetivos a los cuales aspiramos, debe ser inteligente pues como bien sabemos y entendemos que no se puede alcanzar nada si no ponemos todo nuestro empeño, y se debe caminar en este asunto despacio para llegar rápido; palabras de un pensador, el ser humano por su naturaleza quisiera hacer todo lo que desea de la noche a la mañana y no es en realidad esa la forma de alcanzarlo y realizarlo, pienso que lo más importante es tener un ideal; qué es lo que deseo hacer, lo planifico y tambien hago hasta cálculos matemáticos y de esa manera puedo lograr mis objetivos comenzando de algo porque lo que mas nos cuesta muchas veces es dar el primer paso para emprender lo que deseamos hacer o comenzar a realizar.

Adelante pues a darle comienzo a ese cambio que deseamos realizar para el bien de una sociedad que por mucho que se esfuerza, no logra ver realizados sus deseos de cambio radical en las vias que puedan conducir al verdadero interés comun, todos los objetivos que se tengan y quieran obtener deberan ser alcanzables por los medios existentes, y jamás pernsar alcanzar a tomar las estrellas con las manos porque eso sabemos que es imposible, es necesario comenzar con las cosas sencillas como por ejemplo; en nuestra familia en el centro de tadas las familias que es el nucleo donde se comienza a cultivar la semilla verdadera de la sociedad futura, la que un día responderá ante las exigencias del mundo de acuerdo a sus capacidades, las que desde luego las comenzará adquiriendo desde el seno familiar, y dependiendo cuales sean las raíces de la que brotan estas ideas de superación, asi seran los frutos que con el tiempo se veran y se lleguen a poner en práctica no salamente dentro de este pueblo, sino tambien a nivel internacional y cuando esto suceda, veremos todos los frutos de la civilización que desde hace mucho tiempo llevamos en la sangre, y que ya es hora de darnos cuenta de lo que podemos hacer y sin pedir ayuda a grandes científicos, porque en nuestra raza Maya los hay, y los hubieron y muy grandes que (dejaron plasmada su sabiduría a traves de la historia., (Ya., comenzemos a tomar a ese pobre de la mano y dar el primer paso para darle un buen baño hasta dejarlo completamente limpio, y luego continuemos cambiandole sus vestimentas por unas nuevas de acuerdo a nuestras posibilidades, y lograr asi darle una verdadera nueva imagen ante los pueblos del mundo que ya hán tenido la suerte de cambiar su situación é imagen mucho antes, despues de bañarlo y cambiarle sus ropas, llevémoslo a la escuela del amor donde aprenda a respetar para ser respetado, amar para ser amado y sobre todo aprender a llevar sus sufrimientos sobre sus hombros, hasta lograr dejarlos tirados y cambiados por una vida mas amena próspera y llena de esperanza, de ponerse a la altura de las demas naciones desarrolladas, el ejemplo no debería ser solamente para la tierra Maya, sino para nuestros pueblos de América Latina, donde se camina siempre cojeando si no es de un lado, es de otro y que hace mucha falta la preparación personal é intelectual de cada uno de sus connacionales respectivos, quienes se preocupan muchas veces solamente en unas cuantas pertenencias materiales.

Háy manera de llegar a una verdadera felicidad, creo que si; existen cinco maravillosas maneras de lograrlo.

1o.—siempre nos vivimos fijando en las cosas que hacen que nuestro prójimo se vea mal, o sea que siempre vemos en él solamente sus defectos, su modo de ser y de comportarse, o como hace las cosas que muchas veces vemos que solamente se busca un interés personal y así, infinidad de malas actitudes sin pararnos a ver las demas cosas que realiza sin que nosotros nos demos cuenta, y que lo hacen mucho mejor como persona, y siempre vivimos señalándole pero no con dos dedos sino que siempre lo hacemos con un dedo porque no nos damos la oportunidad de señalar juntamente con el dedo índice tambien el pulgar para ver tambien lo que nosotros hacemos que es lo que menos nos gusta ver o hacer que se vea, y eso es normal dentro de la especie humana que nunca aceptamos nuestros defectos sino que siempre vivimos para ser jueces de las actividades de los demas, es aquí donde la oportunidad se nos dá de aprender a aceptar a los demas con todas sus cosas con todos defectos tal como son, que tambien dentro de todo eso existen muy buenas y maravillosas cosas que a nosotros mismos nos pueden ayudar a vivir mejor. (Aceptación del otro)

2o.—Cuantas veces nos encendemos en fuegos superficiales los cuales nos llegan a consecuencia de una reunión, o una reflexión cuando se nos invita a participar y que siempre estamos allí dispuestos a involucrarnos en lo que sea, nos apuntamos y nos hacemos cargo de no importa que actividad, sin medir nuestras posibilidades las que con el tiempo comienzan a verse y que supuestamente hay que afrontarlas, luego comenzamos a tratar de hacer nuestro deber para tratar de cumplir ese compromiso al cual nos hemos comprometido, invitamos a las personas que creemos que quizás puedan colaborar con nosotros, pero debido a una actividad o por causa de tener qué trabajar puede comenzar a fallarnos, luego el otro que tiene cambiar su horario de trabajo y los días que tendrá tiempo para dicha actividad, no estan de acuerdo con los demas y es imposible su participación dando a la persona responsable de tal actividad la doble tarea pues siendo el reponsable deberá arreglárselas él solo para poder cumplir con su reponsabilidad, y asi finalmente tambien él déjà tirado todo y dice yo, renuncio porque no tengo tiempo para continuar, es muy sensillo este caso viéndolo detenidamente; es necesario aprender simplemente a decir no, cuando hay que decir no, y decir sí, cuando hay que decir o se puede decir sí. Pues tambien debemos pensar en que la persona quien recibe un sí, de alguien cuenta con él para llevar a cabo el objetivo el que los há comprometido. (Aprender a decir sí, y tambien no,)

3o.—Es necesario pensar y entrar a una realidad, todo lo que se hace tiene un Patrón de lo que parte la estructura de lo que se piensa hacer o fabricar, Estructural, Físico, Teórico y Práctico, en lo que nos debemos rejir para llevar a cabo el objetivo que tenemos para la realización de nuestro propósito, o sea que todo há sido creado de acuerdo a dicho Patrón, el cual fue inspirado de alguien o algo, bien; pasemos a la segunda situación, dentro de nosotros existe algo que nos mueve, o sea que nada viene de la nada, hay un autor de todas las cosas visibles é invisibles, el cual actúa constantemente en nosotros y del que viene todo, y que se llama Dios, que traducido a lo que debe ser, Dios que es lo mismo que (Padre Creador), y es alli donde nosotros nos confundimos cuando pensando que ya hemos nacido con todas nuestras virtudes a saber, Inteligencia, Sabiduría, Carismas y Dones que ya tenemos lo que nos hace falta para triunfar en la vida y no nos hece falta nada más, sin embargo cuando hemos pasado por una Universidad, creemos que no nos falta ni el Creador de todas las cosas, y es así como nos equivocamos constantemente, solo debemos recordar de que solos no podemos hacer absolutamente nada y que al contrario, si ponemos nuestra esperanza en aquel que todo lo puede aunque sea la más mínima cosa todo nos puede salir bien y se realizará. (Confianza en Dios)

4o.—*Muchas veces vemos en nuestro caminar de cada día, posibilidades de servir a nuestro próximo y dejamos pasar la oportunidad que se nos ofrece pensando que ya se presentará de nuevo otra véz el deseo de actuar como todo ser humano caritativo y tender la mano a ese hermano nuestro al que nunca debemos desamparar.*

Que deberíamos en ese momento hacer, despues buscamos y rebuscamos y no encontramos la manera de darle un servicio a los demás que necesitan, y cuando hacemos un servicio por pequeño que este sea nos sentimos en verdad con esa sensación de paz y una alegría interior que es incoparable, no es necesario ser millonario para hacer sentir feliz a los demas con cosas simplemente sencillas que es de donde el amor brota y nos hace sentir que somos indivíduos capaces de dar felicidad a los más necesitados, y desde luego es de allí donde nace la alegría para nosotros, pues esto se supone que no lo hacemos para que todas las personas nos vean y admiren, porque jamás se debe pensar dar un servicio para que nos lo sea debuelto, que de esa manera no sería un gesto de amor o caridad, sino esto se convertiría en un mero negocio del que te doy pero me das, los servicios que se ofrecen a los demas que se dan de corazón y desinterezadamente, son cosas que vuelven hacia nosotros ya sea hacia nuestra persona o se transforman en beneficio de nuestros hijos, que son ellos los que reciben la bendición con creces de nuestros actos hacia los demas, actuemos con amor y sencilléz y de esa manera recibiremos muchas cosas que jamás las tendremos siendo mesquinos. (El servicio desinterezado hacia los demas).

5o.—Muchas veces nos sentimos mal, cuando nos ocurren algunas dificultades de las que atravezamos en nuestra vida, que por cierto son infinidad de pequeñas y grandes calamidades que aunque sean muy pequeñas las vemos del tamaño de una montaña, y el problema más grande, es que pensemos que a nosotros nos pasan dichas cosas y que a nadie más porque para los demas todo marcha perfectamente, si nos ponemos a analizar la situación nos daremos cuenta de que nuestros problemas son más pequeños que los de otras personas, y luego nos pasa lo de el siguiente caso que muchos de nosotros ya conocemos.; En cierta oportunidad un joven estaba muy cansado de ver todos sus problemas que le sucedían a diario en su vida, y a todos sus amigos siempre les decía que su Cruz que él cargaba era la más grande y muy pesada, un día dispuso ir al cielo y pedirle a Dios que le concediera el poder cambiar su Cruz, porque sentía que esa era las más grande y para él pesaba demasiado, al presentarse ante el Señor, se lo expuso y luego de recibirlo el Señor le dijo; hijo como no, y enseñándole una puerta le advirtió; vé y busca dentro de todas la que más te guste, el joven entró y buscó por todas partes que todo el lugar estaba lleno de Cruces de todos los tamaños, él se puso a buscar dentro de la pieza y despues de varias horas de busqueda, vió una bien pequeñita y la tomó y salio con ella y le dijo a Dios, ya encontré una y esta me gusta porque no es muy grande y creo que con esta si puedo caminar mejor sin fatigarme mucho, el Señor Dios lo vió y le dijo; ya ves hijo que tu Cruz no es la más grande porque ésta es la tuya la mas pequeña,. *Esta es la equivocación que podemos tener cuando renegamos por esos golpes de la vida, y la mejor manera de pasar las pruebas solo es aprender a caminar con nuestras necesidades, nuestras enfermedades y dolencias y aceptarlas como si esto fuera un utensilio de trabajo, un medio para poder caminar por la vida y cuando logro aceptar todas esas circunstancias comienzo a ser mas feliz. (Aprender a aceptar mis dolencias y situaciones)*

CAPÍTULO VII

[Miras hacia el Futuro]

Sabemos que nuestro pueblo ha sido uno de los más sufridos en su historia, sin embargo existen muchos medios para colaborar a que no solo su gente, sino el país entero logre una gran superación en todos los sentidos de la palabra, hoy que los Guatemaltecos tienen la oportunidad de elegir su 4o. Gobierno Democrático, tratemos todos juntos de darle nuestro apoyo y aprendamos a aceptar todas aquellas cosas buenas para nosotros y tambien para nuestra sociedad, pero aprendamos a denunciar aquellas otras cosas que veamos que de una u otra forma puedan hacer daño al desarrollo y el bien comunitario, y hagámoslo no con las guerras, sino por medio del diálogo positivo y tambien en comunidad porque sabemos que como dice el dicho; un leño solo no arde, para ser escuchados se debe hacer en grupo y con diciplina, ya es tiempo de aprender a dialogar, a converzar y proponer porque un representante de un pueblo todo el tiempo necesita contar con la opinion popular, para no hacer aquello que al pueblo no le gusta o interesa, todo ser humano tenemos una razón, y nuestros cinco sentidos muy bien equilibrados para pensar, meditar y dicernir que son las cosas que nos interesan y que logren hacer de nuestro pueblo una sociedad íntegra y capaz de resolver sus propios problemas, simplemente recordemos que nada puede funcionar, si no hay alguien a la cabeza quien pueda representar las angustias del pueblo, y un grupo o maza sin cabeza, se convierte en un movimiento sin rumbo y bulnerable a cualesquier embestida de las malas influencias a las que nuestra Guatemala, ya ha sido expuesta.

Veamos cuales han sido los resultados de semejentes atrosidades ocurridas ya en el pasado de nuestra Patria, el despojo, la humillación y al mismo tiempo el estancamiento en su desarrollo Democrático de un atrazo de varias décacadas, enlas cuales no se ha podido avanzar casi nada sino simplemente caminar pero dando un paso para delante y dos para atrás, creo que en este año puede ponerse en marcha cantidad de programas muy buenos, los que solamente han existido para vitrina como se dice en buen Chapin y que son nada mas que unas muestras que enseñamos a nuestros visitantes, hoy 15 de Enero de el año recordando todo aquel fervor de nuestra gente en Guetemala, y tambien de países de Latino-América en general que se dan cita en la bella villa de Esquipulas para llegar a venerar al Cristo Negro en su majestuosa Basílica, pidamos todos juntos que este sea el comienzo de una nueva oportunidad para nuestro pueblo de poder formar parte dentro de los pueblos civilizados del mundo, es necesario pensar en buenas cosas que se pueden lograr para nuestra patria caminando todos juntos de la mano hacia una feliz estabilidad la que por tantos años hemos esperado, aprendamos a vivir libres de cosas negativas, y poniendo en práctica todo aquello que sea positivo y provechoso para el desarrollo de todos y cada uno de los Guatemaltecos, en la celebración de su fiesta al Cristo Negro de Esquipulas por ejemplo; se puede ver la diferencia que hay en lo que fué antes la devoción con la que se comenzaba a planificar una visita al santo lugar, se penzaba, se planificaba la fecha y la hora de salida, y se comenzaba el camino que costaba de un día completo, primero había que ver si se podía en Automóbil segun las personas que estaban dispuestas a la visita, preparar el vehículo para estar seguro que nada podía pasar en la ruta, y se convertía en una verdadera convivencia con los demas, que a veces se invitaban a los amigos o personas conocidas que quisiesen hacer el viaje y esa podía ser el comienzo de una nueva amistad, desde luego sin contar las veces que los amigos se invitaban para viajar hacia el Puerto ya fuera el Sur, o la parte del Oriente Puerto Barrios por ejemplo que aunque no estaban preparados los lugares como Turísticos, pero se viajaba con mucho gusto y todos alegres, quizás podia ser esa una manera actual de dar o aportar nuestras ideas y opiniones para lograr dar un poco de empuje al Turismo en Guatemala, y eso juntamente con el Gobierno a lo que se puede muy bien hacer un poco de inversión y aprovechar todas esas bellezas que existen en Guatemala, pero que estamos esperando que yeguen inversionistas extranjeros y abran nuestros ojos y veamos el Paraíso que tenemos como país.

Con un poco de suerte en esta nueva etapa administrativa que nuestro país está comenzando, creo que hay una esperanza concreta de superación a todas las cosas negativas que hasta el día de hoy han existido en la tierra de los Mayas, tierra de encantos y belleza sin par, ya vemos brillar a lo lejos en el Orizonte nuevas luces de cambio que serán el comienzo de una nueva era, é ilusión y esperanza para el país de la Eterna Primavera que *há sido bautizada así por ilustres Poétas, y con mucha razón, yó no quiero pasarme por adivino, ni por un experto en la materia del presagio, pero algo me dice que se llegó el tiempo en que esa bella tierra del Quetzal vuelva a tener no salamente su atractivo natural, sino tambien ante los ojos del mundo sea un lugar donde se respire la confianza y el respeto al derecho ajeno, lo cual hace mucho tiempo se há perdido a causa de pugnas sin razón válida las que por siempre existieron y que fueron la causa de varios años de estancamiento en su desarrollo nó solo económico, sino tambien Social, Cultural y Político lo que parece que hoy está dando la buelta a la página y escribiendo una nueva historia en su caminar, desde luego segun cual sea la verdad con que se camine; esa será la respuesta que un día esta tenga ante una sociedad que ya está canzada de esperar por que verdaderamente brille una sana é impulsora Democracia, la que sea capaz de cambiar por completo la imagen de ese pueblo al que anteriormente se mencionaba, y que esto sea no solo individual, sino que venga desde el seno de las familias que es donde se máma, se come y se bébe el saber vivir todos juntos como un pueblo de valores culturales muy altos, los que pueden ser la atracción de nuestros amigos del mundo.*

Es incréiblemente insólito ver las actitudes que han tenido los pasados administradores, que durante el tercer Gobierno Democrático de Guatemala, provocaron tan duro Terremoto en las Arcas Nacionales y lo cual me atrevo a mencionar en este documento, debido a que esto se menciona a nivel Internacional y viniendo de un Político de Carrera que trató de lavarnos el cerebro con sus charlas muy amenas, y dando una imagen de víctima cuando en realidad era el victimario, y que cuando hablaba de cambios muy importantes que debiera hacerse en nuestro país luego eran palabras contrarias a la realidad que allí se vivía, luego entregar el cargo como quien dice; allí les dejo la casa bien barrida, y muy bien barrida que hasta las Pinturas hornamentales en los Despachos, pero como muy bien se llama este documento Escombros; es eso lo que en realidad dejan ciudadanos sin escrúpulos que se mantienen siempre pensando en lo que se dice; el que viene atrás que arrée, y es lo que actualmente sucede pero en realidad esto no es final de un pueblo que siempre está dispuesto a luchar, y que cuenta con la capacidad de salir adelante por sus propios medios sabiendo que en esa tierra existen riquezas inagotables, y recordando siempre que en un pueblo culto existe la honestidad con la que se debe caminar, y de esa manera tener todos y cada uno de sus habitantes el derecho de acción conjunta contra las injusticias corruptas.

Pienso que es hora de que a estos escombros del pasado, se les pueda aprovechar simplemente aquellas cosas buenas que de alguna manera tuvieron, y comenzar esta nueva etapa con mucho ánimo y dignidad uniéndonos a la nueva administración, la cual dislumbra muy buena oportunidad de cambios radicales en todos los ámbitos de diferente manera, y siempre pensando en un solo fin, y ese será la verdadera Democracia dando a todos, los derechos a los que son acreedores, por el simple hecho de pertenecer a la tierra del Quetzal, y así hacer honor a su libertad la que a travéz del tiempo ya se cortaron sus alas, y se le impide siempre volar libremente en los cuatro puntos cardinales de Guatemala, de todas maneras todo el tiempo existirán hijos de la patria sin escrúpulos que esten dispuestos a, aprovechar cuanta oportunidad se les presente para agenciarse de aquellas cosas que crean que les pertenecen personalemente, como el caso de los famosos (cuadros) o murales en Palacio Nacional los que todos sabemos que son un Patrimonio Nacional, és que dichos individuos no tienen dos dedos de frente o quieren desaparecer completamente como se dice del mapa; es increíble que en pleno siglo XXI esto pueda suceder y sobre todo cuando se supone que estamos llegando a una verdadera libertad y Democracia, consciente de que quiere decir una verdadera civilización como un adelanto de la nueva imagen que se trata de dar a un país que por muchos años se fué deteriorando por medio de las actitudes incorrectas de sus ciudadanos

De todas maneras, pienso que se debería ver en lo que de aquí en adelante se puede hacer por recuperar todo lo que se há perdido, y aprender a darle su lugar que le pernece a cada persona como tal tomando en cuenta que cada ciudadano es una parte muy importante dentro de una sociedad que trata de levantarse por medio de sacrificios de manera que todos unidos y tomados de la mano, se podrá formar un círculo irrompible el que hará frente a nuevos embustes de niños deshonestos, que día a día tratarán de llegar al frente de las riendas que con seguridad querran guiar los codiciosos del momento, aún sabiendo el trabajo que se deba hacer para lograrlo que podía ser una muy hermosa realidad, pero el problema es que nadie quiere llegar al poder con las manos vacías y salir con los bolcíos y las manos repletas y que nadie se quiere recordar como es que pudieron llegar a ocupar el cargo que el pueblo les há confiado con la ilusión de ver cambios radicales en su administración, los que sí se hacen pero en contra de los ciudadanos quienes con mucha esperanza han dado su voto incondicional a quienes les hán prometido el cielo y la tierra con el fin de llegar al poder, y despues;

*no te conosco, ni sé de que partido eres, posible
seas de la opocisión o buscas algo con qué hacerme
daño en cuanto tengas la mas mínima oportunidad
de hacerlo, sería muy importante ponerse a pensar
cuanto bien se puede hacer en bien común y que
caminando siempre de acuerdo, a normas de unidad
nacional para el bien únicamente del país y cada
uno de sus habitantes, existen cantidad de maneras
de superación como ya hé mencionado antes, pero
con un solo objetivo y sin tirar cada uno por su
lado, poniendo un poco de oídos a las quejas de
toda esa gente que pide a gritos que se les escuche,
tenemos actualmente las quejas de los habitantes
de la parte Oriental del país, donde los moradores
de ese bello lugar de Izabal estan viviendo en
carne propia la cantidad de contaminación que
las empresas mineras y explotadoras a quienes
el Gobierno há otorgado el derecho de hacer y
deshacer a su entero antojo todo aquello que se
les venga en gana, con el objeto de hacerse mas
millonarios a costa de la salud de miles de gentes
humildes que allí viven y han vivido siempre, y hoy
dichas empresas quisieran que toda esa pobre gente
salieran de su lugar y les dejaran el camino libre,
sin pensar si dichas personas puedan establecerse
en un lugar seguro, o quizás sea para su propio
entierro ya que pueden padecer cualquier clase de
enfermedad debido a tantos materiales químicos*

que allí se utilizan y desde luego generan gran cantidad de contaminación, la cual ocaciona la deteriorización en la salud de la población.

Sería muy humano por parte del gobierno actual, ponerse un poco en la piel de la gente que allí vive y tender la mano a sus necesidades, o sea aprender a escuchar sus lamentos desesperados ya que él como padre de la patria, debería siempre ver por el bien popular y especialmente de los que lo están sufriendo como la mayoría de la población Oriental del país, que por el momento son los que estan pidiendo a gritos que se preste la atención necesaria a sus problemas de sobrevivencia, asi como ellos en el oriente tambien en los cuatro puntos cardinales del país existen necesidades las que son prioritarias y que pienso que con la ayuda conjunta de los ciudadanos el gobierno actual puede llevar a cabo muchas de esas obras de bienestar comunitario, dichas obras deberan ya estar en marcha y se realizarán una despues de la otra, pero con pié firme estoy seguro que será una muy bella y feliz realidad, la que estarán muy agradecidas las nuevas generaciones del mañana, a pesar de las consecuencias que hasta hoy han tenido que afrontar los diferentes grupos de apoyo leal al sistema de desarrollo que comienza a implantarse en Guatemala, las cosas no continuarán como hasta hoy ya que todos tenemos la esperanza de que ya no sea como siempre de que se ha caminado equivocadamente, sino al contrario que se camine solo para delante y con la firme convicción y seguridad que surjan nuevos orizontes de paz y prosperidad para un país que por muchos años ha deseado para sus habitantes, se necesitan buenos hijos de la patria capaces de pensar no salamente en su bienestar personal, pero tambien en un bien comun llevando las ideas concretas y bien claras que despues de hacer un verdadero análisis de la situación por la que se atraviesa en estos momentos, ofrescan sus conocimientos intelectuales y profesionales para el desarrollo de los programas adecuados a implantar y creo sin temor a equivocarme que estos ciudadanos sí encontraran el apoyo incondicional del los que en el momento dirijan los destinos de el país, y porque no decirlo tambien de la población entera ya que se vive con una gran sed de paz y prosperidad, desde luego deberá acompañarse todas estas cosas con el apoyo de seguridad adecuado en pro de la tranquilidad popular.

En estos momentos precisamente se estan viviendo emociones fantásticas, en los países Centro-Americanos en donde por primera vez se han puesto de acuerdo los gobiernos del area, haciéndose comprometer en la rama del comercio fuera de sus fronteras, y esto ya es una muestra

*de madurez poniendo a prueba la confianza que
debería existir desde hace ya mucho tiempo en
los países de Centro América, tomando en cuenta
que si no se há podido llegar a ser una sola
nación por lo menos existan medios de unidad,
como Guatemalteco de origen; me siento muy
contento con dicha decisión y desde ya doy mi
voto incondicional a los Gobiernos de Guatemala
y El Salvador que son los que tuvieron esta muy
acertada iniciativa de unificación comercial, yo
estoy seguro que esta será la idea que llevará a
los demas países del area a tomarse de la mano y
convertirse en la América Central fuerte y capaz
de salir adelante con sus problemas de diferente
índole que hasta hoy han sido los obstáculos muy
fuertes para el desarrollo social, cultural y sobre
todo económico de nuestros países que despues de
Quinientos años de soberanía han permanecido
estancados en muchos aspectos y especialmente
socio-político, pero creo que ya es tiempo de ir
poniendo cada cosa en su lugar y tratarnos como
gente civilizada, hago desde luego la sugerencia
de actuar con mano recta en las autoridades que
tengan el control de dicha circulación, y de esa
manera se llegará a ver muy pronto el beneficio de
esta nueva política, pues se ha visto que siempre
hay muchos que van con la pena y otros a la
pepena cuidado; que a estas alturas todas esas*

cositas de beneficios personales no deberán de existir para asi lograr una superación y bienestar popular y comunitario.

Volviendo nuevamente a los objetivos de este documento, es tiempo de poner en práctica en el país de la bella Monja Blanca, El Quetzal y La Marimba, nuevas técnicas de desarrollo y dejemos ya que las que hemos hasta hoy usado, nos dejen simplemente el recuerdo de haberlas hecho producir para poner unas bases que aunque no hayan sido las mas sólidas, se conviertan en el cimiento donde hoy se sienta la patria que tanto ha soñado sentirse feliz, grande y próspera, pero al mismo tiempo sentirse orgullosa de sus hijos que le han logrado construir paso a paso un pedestal donde pueda descanzar libre y soberana, sabiendo que ella es el corazón de América, y la cabeza de una Centro América que brilla en el continente Americano, y esto desde luego se puede lograr estando todos de acuerdo en lo que nos paresca correcto, y apoyar a los gobiernos en tales decisiones que sean las que nosotros a buen criterio juzguemos buenos programas de adelanto económico, y no debemos cruzarnos de brazos cuando a la vista de todos veamos lo que pueda ser injusto para la población, y para esto lo mas efectivo es ir al grano como decimos, es necesario aprender a decir si, cuando es si; y no cuando es no, y sobre todo que se diga a la persona adecuada de frente a la verdad, porque muchas cosas que se dicen por simples que estas sean a la larga si no son claras se convierten en puros chismes,

Es muy importante apreciar este momento que se vive en Guatemala, que es a donde se hace identificar este documento, veamos como una clara y magnífica oportunidad de desarrollo que se esta concretando en el país y aprendamos a valorizar el sistema democrático que está en su cuarto mandato, debemos reconocer que esto es un gran adelanto que se há logrado, gracias a muchos desvelos de varios de sus buenos hijos que aun tiene la patria y que hoy puede decirse que es una hermosa realidad, reconoscamos tambien que a pesar de su poca preparación con el que nuestro pueblo recibió o comenzó a vivir este nuevo sistema, lo fué digeriendo poco a poco y hasta el momento no se puede decir que se vive un sistema completamente cien por ciento concretizado, sí se siente un ambiente diferente al que se vivió por muchos años y que hoy es nada mas que un duro recuerdo, y a eso nadie quiere volver a vivirlo, es necesario brindar todo nuestro apoyo a los gobernantes de turno apoyandolos en sus proyectos de adelanto, y sobre todo lo que se refiere a la seguridad de los ciudadanos como por ejemplo; la implantación de tarjetas para transporte urbano, porque está comprobado de que es una manera de proteger a los usuarios del transporte, y tambien la vida de los pilotos los que se arriesgan cuando conducen y son atacados, por los malos ciudadanos que buscan apropiarse de lo ajeno.

Por otro lado esta tambien el gran problema del peligro que corren esos niños y adolescentes, los que hacen el papel de colaboradores ayudando a los pilotos a recoger lo más que pueden de pasaje, y los que tambien no cabe duda que tratan de colaborar con su familia, llevando algo que los ayude a sobrevivir a costa de una aventura diaria a la que se enfrentan, pero tambien existe el otro lado de la moneda; cuantos de estos niños dejan sin lugar a dudas de asistir a la escuela que es lo más importante de sus vidas para poder llevar un futuro mejor, esa es una importante implicación a la que los padres de familia deberían estar sometidos y sabemos que tambien es algo que debía el gobierno involucrarse, definivamente son cosas que vienen de una buena administración gubernamental donde existen los llamados censos escolares, y que podían ayudar mucho llevando con eso a la luz la veracidad que existe en cuanto a la asistencia en los centros educativos del país, todos sabemos que en las escuelas estan inscritos un buen número de estudiantes; pero que en realidad es un porcentaje mucho menor que terminan su ciclo escolar como debe ser, en fin esto es simplemente un ejemplo que hoy podemos mencionar de las grandes fallas que ayer, hoy y siempre han afectado en una buena parte a nuestro país y que debería ponerse mas cuidado en la práctica de programas de ayuda para esa parte de la población, quizas despues se podía implantar las nuevas técnicas en beneficio de la comunidad, hoy que se piensa poner a funcionar nuevas tácticas para función de un nuevo sistema educativo, vemos con mucho interés la opción de las autoridades educativas en optar por la Cartilla Escolar, esta sera una nueva y muy buena oportunidad para poder controlar a todos esos niños y quizas tambien adultos, los que por una y otra razón válida por supuesto devido a que han tenido que buscar la manera de sobrevivir, han dejado de asistir a una Escuela ya sea diurna o nocturna dejando asi por un lado la clara oportunidad, de abrirse camino dentro de una sociedad que cada día exije más debido a su lento pero optimista desarrollo el que como es lógico es necesario que cada uno de los ciudadanos se prepare de manera que pueda decir con la frente levantada, pertenesco a esta sociedad y a su desarrllo social, cultural y profesionalmente y de esa manera poder aportar su granito de arena para la costrucción de una patria culta, libre y próspera ante los ojos de nuestros amigos del mundo entero, y viendo que nuestra tierra siga ese vuelo que desde hace ya muchos años há que rido emprender y que por fin lo llegue a lograr y gritar desde lo más alto aquello que muchos ciudadanos soñaron y seguimos soñando que se grite Guatemala tu nombre Inmortal.

Yo espero que este escrito tenga y lleve algo de provecho a nuestra sociedad, y tambien ante los ojos del mundo que a diario nos pide cuentas de nuestros hechos y actitudes, yo personalmente pido disculpas a mis compatriotas, que por suerte sean mas preparados que este servidor y quienes quizas conoscan mucho más de lo que hé tratado de plasmar en este escrito, que es posible existan muchas otras cosas y casos que por falta de conocimiento no se encuentren en este documento, quiero dejar bien claro que este servidor de ustedes estará siempre dispuesto a escuchar sus críticas, las que trataré de tomar como un cumplido, y termino este Documento con las frases del Divino Maestro quien dijo; el que tenga ojos, que vea, y el que tenga oídos, que oiga, porque en nuestro tiempo a aún despues de dos mil años, habemos personas que miramos, pero no vemos, y oímos, pero no escuchamos...........................
....
....

Montreal, Primavera del 2006,
Ismael Rodrigo Recinos Velásquez

Printed in the United States
By Bookmasters